从容优雅做好班主任

班主任成长36例

李迪/著

中国人民大学出版社
·北京·

献给

热爱生活、痴心教育的你

愿你活出优雅而精彩的自己

目 录 | CONTENTS

自序 做山石路上一朵优雅的小花 / 1

— 第一辑 —
职业认知——爱就一个字

1. 他说,"我不排斥当班主任,但讨厌填表格" / 7
2. 她说,"我必须凶巴巴的,才能管住学生吗" / 11
3. 他说,"如果老师没有拯救者心态,岂不是不负责任" / 15
4. 他说,"如今学校的管理制度似乎只剩下扣分了" / 18
5. 他说,"成长型教师是怎样炼成的" / 24

— 第二辑 —
常规管理——凡事预则立

6. 她说,"值日生不好好值日,被扣分后还发脾气" / 33
7. 他说,"专家提倡的自主教育,为何在我的班级实行不下去" / 38
8. 他说,"我班的班规形同虚设,得不到学生的认可" / 45

9. 她说，"我想在学生离校前开最后一次班会，却不知道如何操作" / 56

10. 她说，"接手新生班，怎样才能物色到合适的班干部呢" / 60

11. 他说，"学生犯错后没有资格要求公平" / 68

12. 他说，"学生拉帮结派，还编造、散播有关班干部的谣言" / 72

13. 他说，"我知道自主管理制度很好，但学生不配合" / 76

— 第三辑 —

师生交往——温和而坚定

14. 她说，"女生宿舍内的垃圾桶边有小便，却查不出是谁做的" / 85

15. 他说，"班级出现失窃事件后，怎样才能查到盗窃者" / 89

16. 他说，"班里有几个学生要求换掉我这个班主任" / 94

17. 她说，"两个学生早恋分手后成了仇人" / 98

18. 他说，"我阻止学生上课睡觉，学生竟对我破口大骂" / 103

19. 他说，"学生被没收手机后，威胁老师要跳楼" / 107

20. 他说，"我打了学生的手心，学生在背后骂我" / 111

21. 她说，"那个被我安慰过的女生，竟然在背后说我的坏话" / 115

22. 她说，"成绩优秀的学生犯错受罚后竟撒泼打滚" / 118

23. 她说，"女生被同学孤立后，往同学的卸妆水里兑了84消毒液" / 121

24. 她说，"班里一名性格很内向的男生抓女生的内衣" / 125

25. 她说，"学生得了考试恐惧症" / 129

26. 他说，"怎样和患有自闭症的学生沟通" / 134

27. 她说，"班里有个学生脾气暴躁，还指挥同学打人" / 138

28. 她说，"班里一个男生抽烟，部分学生有样学样，其他学生包庇他们" / 145

29. 她说，"一个13岁学生的人生理想是当乞丐" / 149

30. 她说，"分属两个不同'粉丝圈'的学生常常闹矛盾" / 155

31. 她说，"我对学生有求必应，专家却不认可我的做法" / 159

32. 他说，"我们有权利放弃某个学生吗" / 163

— 第四辑 —

家校合作——诚心换舒心

33. 他说，"学生不写作业还撒谎，家长却认为是因为老师能力不足管不了学生" / 171

34. 他说，"我用量化考核制度管理班级，却遭到家长的公开质疑" / 176

35. 他说，"学生违纪后非但不认错，态度还很嚣张" / 180

36. 她说，"班里学生发生冲突，双方家长也开始闹矛盾" / 184

参考文献 / 189

| 自序 |

做山石路上一朵优雅的小花

据说，人根据悟性可分为三种。第一种是"生而知之"的人。他们天资聪颖，短时间内就能看出问题的本质，比如写出"菩提本无树，明镜亦非台。本来无一物，何处惹尘埃。"的六祖慧能。第二种是"学而知之"的人。他们通过勤奋学习，也能明白事物的本质，比如写出"身是菩提树，心如明镜台。时时勤拂拭，勿使惹尘埃。"的神秀大师。第三种是"困而知之"的人。这种人占多数，他们因工作和生活中的困惑而不停地思索、学习，最终探索出事物的本质，总结出解决问题的方案，比如普通平凡的你、我、他……

如今的班主任似乎面临着前所未有的挑战：一方面有层出不穷的检查评比、表格填写等事务性工作；另一方面有让人焦头烂额，甚至欲哭无泪的学生管理工作——她不好好值日，被扣分后还大发雷霆；他因玩手机被批评后，威胁老师要跳楼；她被同学孤立，便向同学的卸妆液里兑84消毒液；他上课睡觉被叫醒，竟对老师破口大骂；他才13岁，却声称自己的人生目标是当乞丐……

尤其让人心累的是：部分家长对教育一知半解，却动辄质疑老师的教育理念；学生不写作业，家长认为是因为老师能力不足，管不了学生；两个学生在班里发生冲突，双方家长为此闹矛盾……

这是一个让班主任困惑迷茫的时代。

这也是一个让班主任重新认识自己、认识学生、认识教育的时代。

于是，便有一群"困而思索"的人，在我的公众号后台留言，向我求助、提问，我们便一起讨论、分析，思索根源，寻找策略……于是便有了读者诸君面前的这本书——《从容优雅做好班主任：班主任成长36例》。

这是我们共同的课题——从容优雅做好班主任。

感谢身边的和远方的朋友，是你们的提问和思索，让我感受到支持和温暖，让我想起《我心是海洋》的歌词：

> 有一种光亮，小小的，
> 却能为人指引方向。
> 有一种力量，微微的，
> 却能让人变得坚强。
> 有一种歌唱，轻轻的，
> 却能使人打开心房。
> 有一种爱啊，淡淡的，
> 却能给人无限希望……

我们之间的交流，让我们找到了教育的智慧，让我们润泽了彼此的生命，让我们相信，只要愿意，我们都可以成为从容优雅的班主任。

《道德经》第六十七章有云："我有三宝，持而保之：一曰慈，二曰俭，三曰不敢为天下先。"这句话的意思是："我有三件宝贝，我持有它且珍重它：第一件叫慈爱，第二件叫节俭，第三件叫不敢处在众人之先。"

其实，我也有三件宝贝。第一件是爱——对学生、对读者、对自己、对生活的爱。第二件是俭——节省您的精力，珍惜您的时间。我的文字一如既往地简洁、流畅，故事一如既往地鲜活、生动。一卷在手，您可以在放松休闲的同时，获得工作的智慧和心灵的成长。第三件是不敢为天下先。我和您一样，都是"困而知之"的人。我在回答读者朋友的问题时，丝毫不敢有居高临下的指导，或耳提面命的说教。每篇文章都分为两个部分：第一部分，聊一聊"为什么"，我会从心理学、社会学等角度，用通俗易懂的语言去阐述问题的根源、人性的弱点；第二部分，谈一谈"怎么办"，我先指出处理此类事情应遵循的原则，然后明确在具体工作中怎么运用这些原则。我常常用"将大象放进冰箱"的三步骤，明确指出：第一步做什么，第二步做什么，第三步再做什么。

在写这篇序言的时候，我正面临着一个班级管理的难题。新生入学后，晓东积极要求当课代表，我批准了。但是，晓东当了一段时间的课代表后，我发现他身上有不少问题：虽然已经是高中生了，但因为之前的学习基础太薄弱，他连班里部分学生的名字都不认识；他非常想当好课代表，却因为工作方法不当，动辄得罪同学；他想积极上进，却跟不上老师的教学进度，因此敏感脆弱，甚至崩溃大哭……我很理解他，一次次化解他和同学之间的矛盾，专门为他布置作业……很多学生、同事，甚至晓东的家长都疑惑：李老师，您真的能坚持帮助晓东成长吗？您做的一切可能都是无用功呢……

每当我有丝毫的动摇时，我都会想起诗人顾城写的《小花的信念》：

在山石组成的路上

浮起一片小花

它们用金黄的微笑

来回报石头的冷遇

它们相信

石头也会发芽

也会粗糙地微笑

在阳光与树影间

露出善良的牙齿

晓东是一名学生，才15岁，总得有人当他的老师，总得有人陪伴他成长。我从来不敢有"拯救者"心态，我知道自己能力有限，我只想做山石路上的一朵小花，用自己的微笑去陪伴那块石头。我盼望着石头会发芽，会微笑，却决不强求，我甚至不敢如诗中所说去相信"石头也会发芽，也会粗糙地微笑"。我只知道，无论石头会不会发芽、微笑，我都会陪着他。我如此用心，相信已经为晓东提供了"抱持性环境"（注：心理学术语，指在孩子成长中，不断给他肯定，不贬低，不评价，不限制），从而有助于他的成长。

您，是否愿意和我一起，做山石路上一朵优雅的小花？

最后，感谢源创图书的邀约，感谢本书责任编辑王玉梅老师的付出，她为了让这本书更加精致，付出了大量心血。相信您一定会在书中获得智慧和滋养，从容优雅地做好班主任。

完成于2022年10月17日

第一辑

职业认知——爱就一个字

师生之爱，是深深的连接、无条件的接纳和全身心的陪伴，而不是教师对学生的强制和干涉，正如美国心理治疗师和家庭治疗师维吉尼亚·萨提亚（Virginia Satir）在《我和你的目标》一诗中所说：

我想爱你而不用抓住你
欣赏你而无须批判你
和你齐参与而不会伤害你
邀请你而不必强求你
离开你亦无需言歉疚
批评你但并非责备你
并且
帮助你而没有半点看低你
那么
我俩的相会就是真诚的
而且能彼此润泽
……

1

他说，
"我不排斥当班主任，
但讨厌填表格"

> 他说："我不排斥当班主任，但讨厌填表格。20多年前，电脑、手机都还没普及，班主任只需要认真上课，课下和学生多沟通、多交流，就可以了。而现在，班主任每天都埋头在各式各样的表格里，学校里别的部门需要材料，也都找班主任要。难道科技的发展，不是让老师们变得更加轻松，而是更加忙碌吗？"

这个老师的困惑，让我想起一段古老的祷词：请赐予我勇气，接受我不能改变的；请赐予我力量，去改变我能改变的；请赐予我智慧，来对两者进行辨别。

那么，如今的我们，要接受的是什么？能改变的是什么？又该如何对两者进行辨别？

我们要接受现实——这就是目前班主任工作的常态，我们不能脱离现实而生存，我们能改变的只有自己的认知和能力。

继智商和情商之后，近年来出现了一个名词"逆商"，指人们面对逆境时处理问题的能力，即面对挫折、摆脱困境和克服困难的能力。根据《逆商：我们该如何应对坏事件》一书的作者保罗·史托兹

（Paul Stoltz）所说，构成"逆商"这一概念框架的三大支柱是：认知心理学、健康新论和脑科学。

构成逆商的第一个支柱是认知心理学，即"理性情绪疗法"中所提出的：让我们感到困惑的，不是事情的发生，而是我们对事情的看法。所以，只要我们对事情的观点改变了，情绪就会随之改变。

因此，我们首先要思索的问题是：科技的发展给我们带来的真的都是麻烦吗？

1997年9月，我初为人师，就当了两个班的班主任，两个班一共有130个学生，我除了教他们的主课，还负责辅导他们参加各种竞赛活动。好在那时候没有诸多表格需要填写，我就有更多的时间和学生沟通交流。然而，期末考试之后，所有学科的成绩都要汇总到我这里，然后由我来计算学科总分、学科平均分。在电脑还没普及的情况下，这些工作显得格外细致繁杂。尤其让我无奈的是，与我搭班的语文老师是一个大学刚毕业的男老师，放寒假前一天，他没有按照学号排顺序，便把学生的成绩单放在我的办公桌上，然后就回老家了，气得我直跳脚。

如今我们都在电脑上录入学生的分数，我们提交分数时，名单顺序是固定好的，我们只要按要求填写、提交，办公软件就会自动生成学科总分、学科平均分等信息。以至于我每次在电脑上录入分数时，都会忍不住赞叹：电脑真的是个很好的脑哦！

其次，班主任填表格、完成安全平台作业等事务性工作真的是毫无意义吗？

新生入学后的学籍录入工作真的是一项大工程。因为有些村镇的名字中有生僻字，需要一遍遍核对，所以我每次给新生填报学籍信息时都会因长期持续用眼而眼睛疼。很多部门还会找班主任要表格，尤其是贫困补助申请，需要提供很多材料：精准扶贫户证明、建档立卡户证明、三级贫困证明……每一份材料都需要班主任逐一审核、签字。为此，我曾经也发过牢骚：以前班主任没有这项工作呀！

然而，大家是否留意到，近几年，网络上不断出现这类新闻：二三十年前，有的学生没有考上大学，却因为家里有门路，冒名顶替别人去上大学，导致已考上大学的学生的人生发生了巨大变化。为什么会出现这样的事情？因为那时候电脑没有普及，信息没有网络化，造假比较容易。互联网的崛起，给人类带来了很多便捷，而最大的便捷就是信息公开、透明。如今，新生入学一个月内就要填学籍表，想通过造假、冒名顶替的方式谋取利益的可能性越来越小。这是不是我们班主任填表上传网络的意义呢？而相关部门要求收集这些复杂的贫困证明材料，为的也是让真正需要帮助的贫困家庭得到帮助。这些看起来琐碎的工作，其实有着极其深远的意义。

弗里德里希·尼采（Friedrich Nietzsche）曾说，一个人知道自己为什么而活，就可以忍受任何一种生活。当我们明白班主任工作的一部分就是要和表格打交道，如果不填表格就可能影响正常工作，就可能会令一些学生失去上学的机会，贫困家庭就得不到资助的时候，我们的付出就不是为了领导，而是为了学生，为了社会的公平，为了弱者的权利。把这些道理想明白了，我们就不会觉得填写表格是负担了。

构成逆商的第二个支柱是健康新论，即人们对生活的掌控感，这对情绪和身体健康起着重要的作用。就我自己而言，如果我刚刚上完两节课，正想坐下来喝口水再去批改作业的时候，忽然发现微信工作群里要求尽快提交表格，我就会很焦虑，很郁闷。因为这件事情打乱了我原先的计划，让我感觉自己对工作、休息的时间都不能自行掌控，便会觉得头疼，整个人都不舒服。

这时候，我们应该怎么办？

为了能更好地掌控自己的工作和生活，我经常思索：近期是不是该填什么表格了？是不是该交什么材料了？再把待办事项按轻重缓急排序，做到要事第一，先做重要而紧急的事情，这样提前有了心理准备，便可很好地减轻压力。

构成逆商的第三个支柱是脑科学。脑科学研究发现，当我们反复做某件事或想某件事时，大脑为适应这一情况就会开辟出更加密集和高效的神经通路。在我们改变了对填表格这一事件的观念，认识到其积极的意义所在，熟悉了填表格的流程后，就会进行得越来越顺利，甚至还能产生成长的愉悦感。就我自己而言，每当我掌握了一项新技能——哪怕对年轻人而言是非常简单的小技能，我都会非常开心，还会给自己一个大大的赞。久而久之，我就不害怕新的挑战了。

一行禅师在《正念的奇迹》一书里告诉我们：吃橘子的时候，就全身心去感受橘子的酸甜；洗碗的时候，就用手感觉水流的温度，感觉碗的光滑。我在这里提出：陪孩子的时候，就心无旁骛地和孩子唱歌、聊天；填表格的时候，就全身心投入地去填写表格。将洗碗、陪孩子写作业、填表格等都当成自己生命的一部分，心情就会好很多。

2 她说，
"我必须凶巴巴的，
才能管住学生吗"

> 她说："李老师，我初为人师，在小学当班主任。我觉得我的性格太温柔了，不适合当老师，我真的管不住学生啊！我都不知道该怎么办了。难道我必须凶巴巴的，才能管住学生吗？我不敢奢望自己变得更优秀，只希望能管住学生，学生在课堂上不捣乱就行。"

看着朋友发来的求助信息，我隔着手机发出一声叹息："谁说性格温柔的人不能当老师？"

还记得几年前，我到一所幼儿园听小敏（我以前教过的学生）上课。学生站着的时候，小敏跪坐在地板上；学生席地而坐的时候，小敏也会席地而坐。小敏这样做的目的，是和学生平视，不让学生产生压迫感。上课时，一个小男生总是说话，小敏就走到他身边，拉着他的手，轻声说："来，坐到老师旁边来。"小男生便乖乖地坐到小敏身边。在别的孩子发言的时候，小敏一旦发现这个男生想要说话，就马上看向他，伸出食指放到嘴唇边，轻轻地"嘘——"一声，小男生便会心一笑，不再作声。

下课后，我刚走出教室，就听见"哐啷"一声，我转过身，看见一个小女生拉着小敏的衣袖说："老师，浩浩把玩具盒碰到地上了！"旁边一个小男生红着脸看着散落一地的玩具，呆站在那里不知所措。我停下脚步站在一旁，想看看小敏会如何处理。只见小敏转身摸着浩浩的头，平静地说："没关系！你自己把它收拾好就行。"听到老师这样说，浩浩明显轻松了许多，马上蹲下身捡玩具，别的同学也帮他一起捡。

小敏的声音自始至终都很轻柔，却不妨碍学生尊敬她。尤其让我欣慰的是，在浩浩"闯祸"后，小敏也只是轻声说："没关系！你自己把它收拾好就行。"这句话不但培养了浩浩对自己的行为负责的意识，还让其他学生明白，就算不小心犯了错也不必过于自责，及时改正就好。所以，他们不仅不会起哄，反而会帮助浩浩捡玩具——学生宽以待人的优秀品格，就是这样养成的。

所以，优秀的教师向来不是凶巴巴的，而是温和而有原则的，是允许学生犯错的。

听着朋友在电话那头崩溃哭泣，我一边安慰，一边将小敏的故事讲给她听，然后为她支招："下次在学生吵闹的时候，你试试看不要发火，只是走过去轻轻地抱着他，你就静静地抱他一会儿，看看会不会好些。"

朋友不再哭泣，我估计她是听进去了。

在班级管理中，我经常运用"做情绪的主人的四步骤"来处理事情。这四步分别是：第一步，识别学生的情绪；第二步，和学生的情绪连接，最好用封闭式句式提问——"是不是……"；第三步，找到情绪的根源；第四步，消除消极情绪，让学生聚焦问题的解决方法。

比如，上学期放假前的某个晚上，我班男生小贾打来电话，情绪极为低落地说："老师，因为我今天早上没有整理床铺，宿管老师不让我住校了……"

其实，我知道宿管老师并非不让他住校，只是因为太生气，所以才来吓唬他。当时宿管老师说："你都这么大了，竟然还没有学会整理床铺，我估计你是学不会了，那就干脆不要住校了！"

其实，宿管老师是希望小贾道歉，并接受教训。但是，小贾正值青春期，一气之下，转身就走了，好在他在无助的时候想到了给我打电话诉苦。

接到这样的电话，我该怎么做？

我用的是上文提到的"做情绪的主人的四步骤"。我很温和地说："你很委屈吧？（识别情绪）宿管老师不让你住校？（连接情绪）你还是想继续住校吧？（找到情绪的根源）你不要闹情绪，想想看有没有别的途径可以解决此事？（消除消极情绪，聚焦问题的解决方法）"

自始至终，我都没有批评埋怨小贾。小贾想了想，说："要不然我现在去找宿管老师道歉吧！"

我说："好的。如果老师批评你，你也不要和老师起冲突。因为，你确实每天都应该整理床铺。"

小贾很平静地接受了我的建议。

还有一件事也发生在上学期。一天，班长给我打电话，说舞蹈老师生气了，因为小萌和小樱上课时不练功，也不参加考试，班长让我赶快去舞蹈教室。

我走进教室，首先安抚了舞蹈老师，然后找到小萌和小樱。

这两个女生正在哭，我耐心地询问了原因。原来，前段时间，学生在家里上网课，小萌和小樱在家里根本就没有练舞蹈。现在要考试了，她们担心自己跳得不好，会被舞蹈老师批评，所以拒绝参加考试。

我深知自己要解决的不是谁对谁错的问题，而是学生的学习态度不端正和拒绝考试的问题。于是，我走过去对她们说："心里难受吧？（识别情绪）是不是舞蹈老师批评你们了？（连接情绪）你们想缓和与老师的关系吗？（找到情绪的根源）你们先不要闹情绪，一起想想看有没有别的方法可以解决此事？（消除消极情绪，聚焦问题的解决方法）"

　　小萌和小樱听后止住哭声，思考了一会儿，对我说："要不，我们俩去找老师道歉吧。然后我们向老师申请下周再考试，这周我们俩就抓紧时间练习。"

　　舞蹈老师的目的也是想让小萌和小樱好好学习。小萌和小樱向舞蹈老师道歉后，此事便顺利解决了。

　　聪明的读者应该已经发现，引导学生做情绪的主人的句式虽然特别简单，但是非常好用。总结起来就是：你委屈（伤心、难受）了吧……是不是……你想……你不要闹情绪，看看有没有更好的办法？

　　班主任要学会用自己的理智来引导学生变得理智起来，让学生聚焦解决问题的方法，如此足矣！何须气急败坏、暴跳如雷、凶神恶煞呢？

3

他说，
"如果老师没有拯救者心态，
岂不是不负责任"

> 他说，"有一些学生缺失家庭教育，如果老师再不拯救，那么期末考核结果难免会一团糟。同时，面对来自领导和家长的压力，老师会觉得自己付出了很多，但往往没有成效。如此一来，老师难免失落、迷茫。老师要不要当拯救者呢？如果老师没有拯救者心态，岂不是不负责任？"

这位老师显然是把拯救者心态和责任心对立起来了，这种想法正确吗？

第一，拯救者心态不能等同于责任心。

我劝班主任不要有拯救者心态，并非不让班主任尽职尽责。我们做好自己应该做的事情，就是尽职尽责。如果我们要求学生必须达到某个目标，必须按照我们的设想去成长，否则就生气、郁闷，那就是有了拯救者心态。

经常有人在介绍我的时候说："这是李迪老师，无论什么样的学生，只要送到她的班级，几年后一定会非常优秀……"每当这时候，我就会非常焦虑、羞愧，甚至坐立不安。这是朋友对我的夸奖，如果我当了真，认为所有学生在我的帮助下都会脱胎换骨，认为我带的班级不能出任何问题，那么我便有了拯救者心态，等待我的可能只有伤心、失望、悲痛欲绝。因为，学生是种子，他们有自己的特质，而我们老师只能为他们创造成长的环境。我们可以给种子提供水分、阳光、土壤——这是尽职尽责，但是不可能把小草培养成玉米。如果我们非要让小草结出玉米穗，我们就有了拯救者心态，这会令师生双方都痛苦无比。

第二，从自身的能力来分析，我们没有资格做拯救者。

经常有人说"教师的职业是神圣的"，这句话有一定的道理。但是，医生的职业不神圣吗？消防队员的职业不神圣吗？清洁工人的职业不神圣吗？服务员、快递员……哪一种职业不神圣？所有的职业都是神圣的！应该说，职业没有贵贱之分。

还有人说，"教师是人类灵魂的工程师"。我们万万不可那么自信，觉得自己的灵魂就一定比学生的灵魂更高贵。我曾经看到过这样一个案例，一个学生在给老师的纸条上写着：

老师，您一定非常讨厌我吧！我知道您恨我这块铁不能成钢，虽然我讨厌您对我毫不留情的训斥，但我还是忍不住想给您一个建议：让张某（注：一位智能发育不全的学生）把被子挪到同学们中间去吧！他一个人在床上睡觉会很冷，也会很孤独。

看完这个学生的建议，大家还会觉得老师的灵魂就一定比学生的灵魂更高贵吗？老师曾经毫不留情地训斥过这个学生，虽然这个学生反感老师训斥自己的行为，但是他还是给老师写了一张纸条，不是为自己鸣不平，而是为自己的同学求温暖。

我曾一次次被类似的案例所感动，一次次被学生纯洁的心灵所感染，我甚至感觉，是他们影响了我，使我在生活的重重压力下，感受到了温暖和光明，感受到了前进的动力。但是，他们从不以拯救者自居。

我之所以认为教师没有资格做拯救者，是因为自以为是的善，比明目张胆的恶更可怕。自以为是的善，就是拯救者心态。

第三，学生不可能把老师当成拯救者。

一个自尊、自信、自我效能感高的人，不会轻易把别人当成自己的拯救者。何谓自我效能感？自我效能感指个体对自己是否有能力完成某一行为所进行的推测与判断。比如，一个刚刚学会走路的孩子想去拿对面沙发上的玩具，他有很多种选择，最常见的选择有两个：一是让大人帮他把玩具拿过来；二是他自己跌跌撞撞、连滚带爬地把玩具拿过来。当大人帮他拿过来后，他的感想是："哇！大人好棒。"当他自己拿过来后，他会觉得："哇！我真棒。"显然第二种方法更能够提高孩子的自我效能感。选择第二种方法的孩子，是不喜欢大人以拯救者自居的。

有的老师说："家长常常会把老师当作拯救者，怎么办呢？"

我的回答是：家长把老师当成拯救者，就如同社会上有人说"教师的职业是神圣的""教师是人类灵魂的工程师"一样。我们自己千万不要当真。我们要清醒地认识到，面对学生的问题，我们很多时候都无能为力。

优秀的教师所要做的事情，不是成为拯救者，而是时刻关注学生，给他们一个"抱持性环境"，让他们在试错中获得价值感，同时在"抱持性环境"里获得安全感。

4　他说，"如今学校的管理制度似乎只剩下扣分了"

> 他说："如今学校的管理制度似乎只剩下扣分了。教室的灯没有关，扣分；空调没有关，扣分；垃圾没有倒，扣分；学生在走廊上快跑两步，扣分……这不是平白无故给班主任制造压力吗？校领导何苦要这样做？"

俗话说，"要想公道，打个颠倒"。抱怨归抱怨，抱怨结束，我们还是要面对问题，并解决问题。

首先，我们要思索的问题是：为什么校领导通常喜欢扣分制度，即量化考核制度？

答案显而易见：量化考核制度简单易行，且有效果，利用量化考核的结果评优评先，不用担心会有人说不公平。据我所知，很多反对量化考核制度的教师，一旦走上领导岗位，大多都会成为量化考核制度的拥护者。为什么会有这种变化？因为量化考核制度可以让一些管理难题迎刃而解。

其次，我们要思索的问题是：量化考核制度对教育教学工作的开展有帮助吗？

答案是肯定的，量化考核制度可以帮助新入职教师理清工作头绪。大多数职初教师当了班主任以后，面对繁杂的工作都会手足无措、手忙脚乱。尽管年轻老师们非常想把工作做好，但是他们不知道应该往哪个方向努力。比如，我刚当班主任的时候，就不知道每天早上要组织学生打扫卫生，也不知道打扫卫生的时候，不仅要将讲桌擦干净，还要顾及门框上、讲桌下、黑板槽里等地方。等到有了被扣分的经历，我才知道原来打扫卫生时不仅仅要清洁地面、黑板、讲桌这些地方，还要关注卫生死角。

自从当了班主任，我连自己家中卫生死角的卫生状况都非常关注。所以，很多时候，那些诸如离开教室要关灯、关空调等考核项目，其实是在提醒我们，平时应该怎样对学生进行养成教育。如果不实行量化考核制度，那么有的班级的空调可能会开一夜。当校领导强调节约用电的时候，学生还会一脸懵懂：没有人告诉我这些呀！其实，不是老师没有告诉他们这些注意事项，而是他们心不在焉，没有听到心里去。与其一次次苦口婆心地劝告，还不如严格按考核规则扣分，让师生因为扣分而感到心疼，这样的教育效果反而更好。

《瞬变：让改变轻松起来的9个方法》一书中曾提到，让一个人改变，其实没有想象中那么难。有时候看似是人们懒于改变，实则是人们缺乏动力。校领导看到教室地面脏兮兮的，空调整夜运转既危险又浪费电，心里难免会难受，但是作为普通老师的我们可能难以感同身受，所以校领导希望老师产生主动改变的动力，于是实行量化考核制度成了首选之举。

同理，如果班级量化考核结果落后，即便老师的心里难受，学生也未必能感同身受，所以，老师是不是可以在班级管理中"刺激"学生，让学生也产生紧迫感呢？这是后文要谈到的。

说到学生在走廊上跑快一点儿就会被扣分这一规定，大家可能会觉得有些不近人情，小孩子哪有不打打闹闹的？我们先来看两个真实的事件。

2009年12月7日晚上，湖南省一所学校发生校园踩踏事件，造成8人遇难，26人受伤。

2013年3月28日，陕西省一所学校的学生在公园乘坐电梯时发生踩踏事故，16人受伤。

正是因为校园安全事故频发，学校领导才会提醒老师们注意对学生进行安全教育。然而，老师工作繁忙琐碎，学生又活泼好动，一旦老师看管不到位，就容易发生意外。校领导只好运用量化考核制度进行管理。如此一来，老师便会更加重视班级管理。久而久之，学生就会养成随手关灯、关空调，不在走廊上嬉戏打闹的好习惯。

其实，扣分不是目的，让学生养成良好的生活习惯、不浪费资源、提高安全意识才是量化考核的最终目的。

多年前，我们学校有一项规定：女生不可以披散头发，要么剪短发，要么扎马尾辫或盘发。这项规定有积极的意义，可以让学生养成良好的生活习惯，否则学生将来从事某些工作后，如果上班时经常披散着头发，既不卫生，也不方便，还不安全。比如，披散着头发的幼儿园女老师，就可能被哭闹的学生揪头发；在流水线上工作的女工人，披散着头发更加危险。我小时候曾经看过一部电影，影片中有一个年轻的女工人，因在工作期间没有戴工作帽而导致长发被卷进机器里，最终受了很严重的伤。由此可见，要求学生学习或工作时把头发扎起来，是有道理的。

曾经，我带的一个班级女生居多，因为她们逢年过节要化妆、表演节目，而留长发容易做出各种好看的造型，所以她们全都留着长头发。一些女生习惯成天披散着头发，所以，有段时间，我们班的仪容仪表分数总是很低。

有一次，学校召开班主任会议，校领导给每个班主任发了一张全校量化考核排名表，我们班的排名倒数第一。我心头的怒火如烧开的水，上下翻腾。会议结束后，我怒气冲冲地走进教室，却看见学生仰着灿烂的笑脸和我打招呼。她们刚练完舞蹈回来，神采奕奕，满脸的汗水亮晶晶的。我心头的怒火瞬间烟消云散，感慨道："如此积极向上、阳光勤奋的学生，怎么会得倒数第一呢？"原本准备好的责备的话，我一句都没说，只是把全校量化考核排名表粘贴在黑板上。

有个学生天真地问："老师，这是什么？"

我平静地回答："这是全校量化考核排名表。"

学生一拥而上，待看到班级排名后，又一个个灰溜溜地回到自己的座位上坐好。我感叹道："我们班的女生多么优秀呀！凭什么让我们得倒数第一？不就是头发没有扎起来吗？我们以后一定会记住扎头发的，是不是？"

学生听后都一本正经地点头。我继续说："所以，我们这一周一定要努力，一定要进步。我们坚决不得倒数第一，我们争取得倒数第二！"

学生哄堂大笑，我也笑了。笑着笑着，我的泪水流了下来，我真心喜欢这些活泼开朗的学生。

没有想到的是，第二周开班主任会时，我们班的考核分数排在了第一名。

我没有焦急地只盯着考核分数，而是给学生适当的刺激，这反而让我得到了学生更多的支持，学生也学会了自觉遵守学校的规章制度。

大约十年前，每天早晨上课预备铃响起时，学生会干部都会在教学楼下站着，如果某个班的学生在铃声响起后才进教室，就说明这个班有人迟到了。有一次，我们班的4个女生在早读进行了15分钟后才进教室。我纳闷地问："你们怎么迟到了这么长时间？"她们回答：

"其实我们只迟到了1分钟。如果那时候进教室，咱们班就要被扣考勤分，咱们班这周就得不到纪律卫生红旗了。所以，我们干脆在厕所里待了十几分钟。现在检查考勤的学生会干部已经走了，这次我们迟到没有被扣分！"看她们那得意扬扬的模样，我惊讶道："你们为了班级不被扣分，竟然在厕所待了十几分钟！你们这样做不是弄虚作假吗？"

没想到，几乎全班学生都用怒其不争的语气劝我："李老师，您不要太死心眼了！别的班迟到的学生都是这样做的。咱们班之所以总是得不到纪律卫生红旗，就是因为您太固执了。"

我脱口而出："我宁可咱们班不得纪律卫生红旗，也不希望你们这样弄虚作假！"当我这样说的时候，浩然之气油然而生，学生都被震住了。

过度使用量化考核制度进行评定，会助长弄虚作假的风气。这应该是这一制度的弊端了。

其实，作为教师，我们需要明白的是：量化考核制度属于管理模式，而我们教师的工作任务，更多的是教育学生。

教育包含管理，但不只有管理。管理，以完成预定任务为目标；教育，以学生的健康成长为目标。大多数情况下，学生成长和班级分数、教师业绩是不矛盾的，但也有例外的时候。当学生成长和教师业绩发生矛盾的时候，我们的选择能反映我们的教育境界。如果我们优选学生成长，就是教育家思维；如果我们优选自己的业绩，那么我们充其量只是一个教书匠。

如果我们立志成为一名教育家，就要理性对待量化考核制度。我们学校的个别老师可能会说："李迪老师带班也不怎么样，她们班得纪律卫生红旗的次数，还没有我们班多呢！"

我之所以能理性对待量化考核制度，是因为我的目光所及，从来不是短期的考核分数，而是学生今后的人生发展。同时，大家千万不要因为前文我说了自己班级由于仪容仪表不合格被扣分，导致量化考核成绩倒数，您就以为，我的班级的量化考核分数一直都很低。事实上，通常在新班成立后的第一个学期，我们班的分数可能会暂时落后。但是只要班风正，这个班级就会越带越顺利，我所带的2003级、2007级、2009级学生，有一段时间每周都得流动红旗。其中2007级就是上文提到的因女生喜欢披散头发而在全校量化考核评比中得倒数的班级，后来她们在班级里主动设置了专门提醒女生扎头发的岗位，大家都积极配合。所以，班级成长的过程也是需要不断试错的。只要我们认识到了扣分制度的利弊，接纳了它存在的合理性，灵活、积极地应对，考核分数一定不会差。

　　在此我要特别强调的是，班主任绝不可以在学生面前抱怨学校扣分制度不合理。一旦学生知道连老师都认为制度不合理，他们就会对学校制度产生反感心理，视违纪行为为理所当然，从而让班主任的管理彻底陷入僵局。

　　心态变好了，世界就美好了。这需要我们具备透过事物的现象看到本质的能力。很多时候，我们努力做最好的自己就可以了，何必非要赢得他人的认可？

5 他说，
"成长型教师是怎样炼成的"

> 他说："每次参加班主任专业能力培训，听到授课专家讲述自己的带班故事，我总是忍不住想：'我平时也是这样处理班级问题的，为什么别人可以总结出解决方法背后的原理，我却总结不出来？'
>
> "我经常看您的书，非常认同您的教育理念。我发现教育生活中的一些鸡毛蒜皮的小事，您都可以信手拈来，写成特别有趣的文章。而我那些一波三折的故事，就算写出来连自己都不愿意看。我也喜欢读书，闲暇时也手不释卷。为什么您读书之后都能记住，而我读书之后却会忘记？
>
> "作为一个生长于山村的女教师，您是怎样一步步走到今天的？您认为成长型教师是怎样炼成的？"

反思我个人的成长经历，不外乎以下几个方面。

一、也曾临渊羡鱼，随之退而结网。

我是从 1997 年开始担任班主任工作的。2005 年，送走几届毕业生后，我已经成长为较成熟的班主任，颇受学生的欢迎和领导同事的好评。那个时期，我也曾迷茫路在何方，还参加了学校中层干部的竞聘，最后以失败告终。失落之余，我无意间看到了李镇西老师为他的班级成长日记《心灵写诗——李镇西班主任日记（一）》写的序，我在频频点头、深以为然的同时，暗自思忖：这样的文章我也会写！就这么一个念头，引领我走上了专业化成长的道路。从那时开始，我白天和学生一起上课、谈心、玩耍，晚上回到家里，打开电脑，用心记录当天发生的一幕幕：上午第三节课，我举的哪一个例子还不错，可以打磨一下以后还能用；下午放学前，我对某个学生说的话不合适，可能伤害了她，明天要找她道歉……写作的过程，就是教育反思的过程。有了这样的慎独和内省的习惯，我进步得特别快。

所以，我们在看见优秀教师的做法时，可以临渊羡鱼，却也莫忘了退而结网。

二、关注当下，保持正念。

2005年刚开始写班级成长日记时，我还不会上网，也没有想到有一天我写的文字会结集出版。我只是觉得能把这些事情记录下来，留着退休后看，肯定很有意思。这样毫无功利心的写作，让我常常沉浸在课堂教学和师生交往中，沉醉于和学生相处的每一刻，忘却琐事和烦恼，忘却竞聘失败后的飞短流长。我的班级日记并不只是记录教育的脉脉温情，也记录师生交往中的电闪雷鸣，有欢欣、有苦涩，有纯真、有虚伪，有汗水、有泪水，有自信、有胆怯，有骄傲、有失落。我觉得自己和学生在一起的每一天，都是在用最敏感、最柔软的心去触摸生活。

岁月因此而跌宕，生活因此而精彩。

2006年1月，我已经写了十多万字的日记。那时我学会了上网，便将自己的班级日记发到教育论坛上。曾有擅长理论研究的老师问我："你这样处理学生问题的理论依据是什么？"我总是一脸懵懂：我是在问题出现后，凭着感觉就那样说、那样做了，事后反思时才发现，当时的处理方式恰到好处。在与学生的交往中，我往往是凭着本能去解决问题；我所做的一切看似轻描淡写，却又浑然天成。也因此，我一直相信，世界上有一种人既善良、善感，又颇具灵性，这是作为教师最难能可贵的品质，我们一定要守住它，万万不可因急功近利而失去它。比如，2015年"河南首届最美教师"评选出的获奖教师中，有一个在山区学校从教40年的老教师，他的学历不高，教学方式却相当有艺术魅力。他的课堂组织能力、语言表达能力、对学生的亲和力，让很多学历很高的教师都难以企及。究其原因，是这位教师只要站上讲台，就能达到物我两忘的境界，他在生活中也"不以物喜，不以己悲"，将全部注意力都放在学生身上。他的心中有学生，眼中有学生，故其一言一行均有教化的意义。

我的成长经历中很重要的一点是，关注当下，保持正念，像一行禅师在《正念的奇迹》里所说的，洗碗的时候，就认真地洗碗，不要把洗碗当成累赘，不要在洗碗的时候想着快点儿洗完去干别的事。将这种理念带到教育生活中就是，我们和学生谈心的时候，就专心致志地谈心，不要想着谈心是为了让学生听自己的话；当班主任的时候，就一心一意陪伴学生成长，不要想着努力工作是为了业绩……这样才会让学生感觉到自己真正被老师看见。

三、专业阅读，由浪漫期走向精确期和综合期。

大约十年前的一天，我在图书馆随手翻阅一本散文集，看着看着不禁纳闷：这个作者的写作风格和我的高度相似呀。我再仔细看了一下，原来作者是铁凝。想必是因为我从小阅读了太多铁凝的书，内化了铁凝的叙事风格还不自知。

可见在童年时期养成良好的阅读习惯多么重要！

魏智渊老师在《教师阅读地图》一书中说，阅读可以分为三个时期：浪漫期、精确期、综合期。

浪漫期就是我们跟随感觉进行感性阅读的时期，各种小说、散文、诗歌、戏曲，包括小时候我们听到的神话故事、童话故事等都属于浪漫期的读物。浪漫期要提防的问题是"贫瘠"。许多人在专业发展过程中遇到的最大瓶颈，是浪漫期的阅读量太小，视野太窄，甚至连生活也很单调，如此很容易丧失职业领域的好奇心，导致专业发展受限，容易迷恋简单的训诫技术。

有的教师教学水平相当高，但是写出来的文章干巴巴的，这很可能就和他在浪漫期的阅读量不够有很大关系。

浪漫期之后，是精确期。教师的专业发展，主要就是在这个时期完成的，这是一个辛苦修炼的过程。我在精确期阅读的心理学书籍有《自卑与超越》《精神分析引论》《客体关系入门》《爱、罪疚与修复》等，哲学书籍有《美的历程》《中国哲学简史》《苏菲的世界》《论语》《道德经》等。这些书值得我们一字一句地反复品读，因为每次读都会有新的收获。

前文那位老师之所以手不释卷，却进步不大，是因为他的阅读一直处于浪漫期，而要想走入精确期，是很辛苦的。但是，这也是教师专业发展必须经历的阶段。我们一定要带着质疑去相信，带着相信去质疑，并且思考："我从这本书中学到了什么？"很多人虽然走入了阅读的精确期，却无法在工作中运用书中学到的知识，因为他们在阅读的时候，没有和自己的工作、生活联系在一起。

比如，我阅读《孟子·离娄章句上》时，对"孟子曰：'为政不难，不得罪于巨室。巨室之所慕，一国慕之；一国之所慕，天下慕之；故沛然德教溢乎四海。'"是这样理解的：此节谈国之君主应尊重那些有影响的贤明的卿大夫，因为他们引领着社会风向；贤明的卿大夫受人尊重，国人都会向他们学习，德教就可以洋溢于天下了。结合工作实际，领导尊重踏实工作的优秀教师，年轻教师便会主动向优秀教师学习，学校的风气就会越来越积极向上。否则，认真工作的人总被批评，溜须拍马的人反而得到重用，谁还愿意努力工作呢？

只有将精读的书和自己的工作、生活联系在一起，阅读才会变得更加有意义。

精确期之后是综合期，我们可以同时阅读几本书，让几种观点在自己的脑海中重新组合、碰撞，真正内化为自己的思想。

四、跳出"教育"看教育。

在我阅读了大量教育学、心理学、哲学类书籍，又参加了很多教师培训后，我渐渐感觉到很多教学类的培训已经难以满足我的需求，便开始将目光转向社会培训。

我在十年前拿到心理咨询师资格证后，就没有间断过对心理学理论知识的学习，而我所学的心理学知识却依然不足以应对我在班级管理中遇到的学生心理问题。我希望自己不仅仅能明白这些学生心理问题产生的原因，还能润物细无声地去疗愈他们。于是，2017年我参加了心理疗愈师课程的学习，之后就将所学知识运用到教学实践中。比如，我曾经借用学校的诗歌朗诵会给学生排练节目，配合声光电的舞台效果，对一个有自杀倾向的学生进行疗愈，而那位被疗愈的同学始终不知道这个节目是专门为她设计的。我也曾策划一些体验式班会，对留守儿童、遭遇校园霸凌的学生进行疗愈，效果显著。

教育，就应该这样静悄悄地进行。

学完疗愈师课程，2018年我又利用节假日等休息时间，参加了一些企业家的领导力培训课程。我学习的目的，除了想从企业管理理论中借鉴经验，让自己的班级管理更加科学外，还希望借此明白企业究竟需要什么样的人才，我应该如何培养学生，才能满足人才市场的需求。为什么一些学生在学校不愿意听课，走上工作岗位后却愿意花费高额学费去学习？这些培训课的课程设置和学校课程设置有什么不同？……这样带着疑问去学习，收获更大。我的很多节班会课，都是受这些培训的启发而设计的。

2020年冬天，我常常在教学楼里闻到一股浓郁的辣条味道，看着学生不喝开水喝饮料，不吃早餐吃辣条，我就想研究学生的营养健康问题，于是报名参加了健康管理师课程。我只希望自己能在恰当的时机，提醒学生该如何科学地饮食，如何健康地生活。

你的心在哪里，你的精彩就在哪里；你的格局有多大，你的事业就有多大。

曾经有同事问我："世界因什么而美丽？"我回答："世界因爱而美丽。"她继续问："还因什么而美丽？"我沉思片刻，说："于我而言，世界还因分享而美丽。"给学生上课是分享，写作反思是分享，给老师上培训课也是分享。以后的日子，我会继续潜心实践，保持正念，博览群书，笔耕不辍。

我所有的努力，只为两个字：分享。

成长型教师需要具备"慎独"和"内省"的习惯，通过长期的阅读、反思和实践，将教育学、心理学、管理学等知识融会贯通，形成自己的教育理念，从而在班级发生突发事件后，能快速找到有效的应对方法；还需要具备广阔的胸怀，时刻准备推翻自己的观点，接受新的理念，做一个终身成长的"未完成的人"。

第二辑

常规管理——凡事预则立

奥地利心理学家维克多·弗兰克尔（Viktor Frankl）说："投入地去爱一个人，投入地去做一件事，幸福就会降临。"在他看来，自主＋胜任＝幸福。

由于突如其来的工作任务，由于学生的对抗、拖延……我们经常焦头烂额，既感觉不到自主的快乐，又难以体验胜任工作的幸福。

我们有多久没有享受到职业幸福了？

若想在闲适中获得胜任感，我们需要做好预案，毕竟"凡事预则立"，正如诗人莫拉维·贾拉鲁丁·鲁米（Molana Jalaluddin Rumi）所说：

你必须训练你的愿望
如果你想要什么
那就先奉献什么

6 她说，"值日生不好好值日，被扣分后还发脾气"

她说："学生会干部到教室检查卫生，说地面不干净，要扣我们班的卫生分。当天的值日生一听勃然大怒，说自己认真扫过地，也拖过地了，但是，我检查后发现地面的确不是太干净。后来别的学生私下告诉我，有的值日生很懒，拖完地以后不洗拖把，第二天轮到别人做清洁时，如果在拖地之前没有清洗拖把，那么拖过的地面肯定不会干净。

"李老师，这个值日生不好好值日，被扣分后还发脾气。请问怎样才能彻底解决这个问题呢？"

我非常理解这位老师。针对她的困惑，我建议从值日标准、坦诚沟通、制度设计三个方面入手。

第一，明确值日标准。

很多时候，老师所理解的值日，和学生所理解的值日是有很大区别的。

每次带起始班级，我都会向学生反复交代，值日内容包括哪些，具体应该怎么做。但是，学生还是做得不好。比如，我说："小红，你今天把教室卫生打扫一下。"小红信誓旦旦地表态："好的，没问题！"然后，她就将地面拖了一遍又一遍。她确实在很认真地打扫卫生，将地面打扫得一尘不染，却不知道还要擦讲桌——虽然我早就说过值日的内容还包括擦讲桌，但她没有擦讲桌的习惯，于是就选择性忽略了。

《正面管教》一书里也有这样的例子。妈妈说："孩子，把你的房间整理一下。"孩子回答得很爽快："好的，妈妈！"一个小时后，妈妈走进孩子房间，看到玩具、书籍、衣服依然摆放得乱糟糟的，她不禁怒发冲冠，做河东狮吼状："我让你整理房间，你干什么去了？"孩子很无辜："我整理过了呀！"可能，孩子所理解的整理房间，就是给自己清理出一个落脚的地方；而妈妈所说的整理房间，是要把玩具、书籍、衣服归类摆放，让房间里的物品整整齐齐。双方整理房间的标准不一样，难免会有矛盾。

上文提到的学生不洗拖把就拖地的事情，我也遇到过。

2018年，我带新生班，有一天，检查卫生的学生会干部说："老师，你们班后门的门框上有灰尘。"我对他点点头，转而问班上的学生："今天谁负责擦后门？"小冉站起来怒气冲冲地对学生会干部说："我擦了呀！最后一排的学生可以作证，我刚才真的擦了！"最后一排的同学也点头说："老师，她确实认真擦过了。"检查卫生的学生会干部站在一旁，一脸尴尬。我走到后门那里抬手一摸门框，手上沾了一层灰。我又看了看讲桌上的抹布，发现抹布是脏的。我便对小冉说："你的确擦过了，不过你是用脏抹布擦的，就算门框本来是干净的，用脏抹布擦也变脏了。"

这就是我们的学生。也许他们并不是真心要偷懒，只是因为在家里很少做家务，甚至缺少基本的做家务的常识，所以需要我们从点点滴滴教起。

我的眼睛有点儿近视，不戴眼镜的时候，我总感觉地面很干净，因为此时我看不见地上有脏东西。一旦戴上眼镜，我就会惊呼："天哪！地上怎么有这么多头发？"我的婆婆一直在农村生活，她觉得即便地上有饭粒也不算什么。在老家，人们会习惯性地在院子里撒上饭粒喂鸡鸭鹅吃。这是他们长期形成的生活习惯，所以他们不觉得地上有饭粒就代表地面脏。

那些不清洗拖把就拖地的同学，除了偷懒，是否也因为看不见拖把上的污渍，或者因为没有这样的卫生习惯，才导致值日不积极？如果是这样的情况，班主任就需要专门上一节班会课，将值日的内容和标准细化，并向学生明确传达，保证每位学生都清楚自己在值日时需要完成的任务及合格标准。

第二，坦诚沟通。

很早以前我看过一篇文章，作者说，他有一位小有名气的朋友，有一次，朋友收工后坐出租车回住的地方，下车时她看到计费表上显示的是180元，她便拿出200元递给司机，司机默默地收了钱。以当地的计费标准，计费表上显示的金额加上15元等于车费，她稍微等了一下，以为司机会找5元给她，但司机丝毫没有要找钱的意思。她心想，算了，便拉开车门下了车。关上车门的一刹那，她才猛然想起自己叫的是专车，按规定需再加叫车费10元，是她还欠司机师傅5元才对。于是，她赶紧敲了敲驾驶座的车窗，递给司机5元钱。司机摇下车窗玻璃，冷冷地说："哼，亏你想到了，不然我还以为，连你这样的名人，也想贪我这5元钱的小便宜呢！"

虽然误会最终化解了，但作者的这位朋友心里很不舒服，她说："司机师傅为什么不直接告诉我，我少给了他5元钱呢？"

我建议老师们将上面这个故事讲给学生听，并告诉学生：班级的卫生情况不能只依靠老师和班干部的监督，同学们相互之间也要坦诚相待。比如，你因为前一天做卫生的同学不洗拖把而心里感到不舒服，却又碍于面子忍着不说，这种不满的情绪在心中积压久了，是会显现出来的。你的不满情绪，也会被身边的人感知到。你这样对身边的人摆脸色，比打骂他们更让人难受。当同学的行为让你不舒服的时候，你应该坦诚地和对方交流，如此才便于解决问题。

生活中有很多类似这种"5元钱"的问题，会直接影响到我们的人际关系。上文提到的那个作者在文章中说：婆婆嫌弃媳妇洗的碗不干净，又怕说出来令媳妇不高兴，于是隐忍着不说，自行把媳妇洗过的碗再洗一遍，媳妇看到后当然十分不高兴；婆婆觉得媳妇做的菜不合口，便把做饭的任务揽到自己身上，背地里又感到自己很辛苦、很委屈。

现实中这样的人是不是有很多？他们有勤劳善良的美德，朋友却越来越少。因为他们在默默付出后，常常会感到心理不平衡，却又选择隐忍。然而他们的心中终归是有怨气的，而且时不时地就会流露出来。试问，谁喜欢和一个满身怨气的人待在一起呢？所以，他们身边的朋友会越来越少。

可见，忍耐不一定就是美德，除非你忍了就忘了。但有几个人能够做到忍了之后就忘掉呢？在与人交往时，如果发现对方的行为与自己的标准不一致，有什么话不妨直接说出口，只要你的态度是真诚的、善意的，目的是解决问题，而不是发泄怒火，这就算良性沟通。哪怕彼此争论一番都没关系。

古人云，"直言不讳，君子有所恃，小人有所畏"。我非常欣赏这种说话坦率不避讳的行为，这也是给了对方一个反思的机会。

有时委屈是难以求全的。所谓的"委曲求全"，不过是我们的一厢情愿罢了。因为当你选择隐忍的时候，对方往往既不知道自己哪里做得不好，也不知道自己什么时候让你受了委屈，你怎么可能通过委屈自己来求得美好的结果呢？相反，日久会积怨，而怨恨爆发的后果，实在难以想象。所以，在与人交往时，如果发现对方的行为与自己的标准不一致，不妨直接沟通！如果有的学生总是不清洗拖把，其他同学发现后，就可以直言不讳："你应该先把拖把洗一下，再拖地。"就这样不评判，不恼火，心平气和地沟通，足矣！

第三，完善制度设计。

我每次带班，在安排值日任务的时候，都是以寝室为小组，每个寝室值日一周。在寝室内部，任务分工可采取轮换制。这种分组安排值日的方法有两个优点：1.同寝室的学生作息习惯一致，可相互提醒，不至于忘记值日；2.有效避免有的学生钻空子、偷懒、不好好值日。

如果学生只想着应付自己当天的值日任务，哪里会管后面值日生的工作量？哪里会管拖把是否干净？所以，班主任要在制度上明确值日的内容和流程，并向学生强调自查环节的重要性。

7

他说，
"专家提倡的自主教育，
为何在我的班级实行不下去"

> 他说："我采纳专家的建议，在班里实行自主教育，组织学生民主讨论上课能否看手机的问题，结果学生一致认为上课可以随便看手机。随后，手机就成了我们班的祸根，所有老师上课时都在跟手机争学生，往往还争不过。有的老师对我说：'如果什么都是学生说了算，那还不得乱套了？！'
>
> "李老师，专家提倡的自主教育，为何在我的班级实行不下去？我现在该怎么办呢？"

事实上，自主教育的理念没有问题，问题在于我们怎么操作。

2018年，我担任起始年级的班主任，在和学生讨论手机使用问题之前，我就在家长群里开了一个家长会，建议用班费买一个手机袋，让学生上课前把手机放到手机袋里（课堂上老师要求使用手机进行信息化教学的情况除外），下课后学生可以把各自的手机拿回去。家长纷纷表示支持。

然而，在我和学生讨论的时候，大多数学生认为，上课的时候不用上交手机。如果有人在上课期间玩手机，就由老师把他的手机代管一周。如果某位学生一周内上课时睡觉超过两次，可能是因为他晚上玩手机睡觉晚，导致困乏，说明他控制不住自己，所以也由老师为他代管手机一周。如果一周内交给老师的手机数量超过班级人数的三分之一，就按照老师的建议，上课期间所有学生把手机上交至手机袋中。

一周过去了，我收上来五部手机，上课睡觉超过两次的学生一个也没有。看来只要是学生讨论出来的班规，大家还是能遵守的。

有的学生说："老师，其实上课喜欢玩手机的就是那几个人，他们的手机已经被您暂时代管了。"

我心想：这不就是我们老师管理的目的吗？手机在学生手里，他们上课的时候也能控制住不玩手机，说明大多数学生都很自律。少数学生管不住自己，我们就替他们管理手机。

然而，事情并不像我想得那么简单。

有一天，班长珊珊给我发微信，说："老师，咱们班有的同学被记名字就哭。她在课堂上睡觉，我提醒她好多遍了，她都不听。我记了她的名字，她就哭了。生活委员还说我小题大做，副班长小萌说：'咱们毕竟是一个宿舍的，你就别那么严格了。'我说这都是规定，必须遵守。她们都说我不近人情。"

我马上安慰珊珊，并肯定了她的做法，同时在征求了生活委员和副班长的意见后，决定把这件事情拿到课堂上讨论。

第二天早会时间，我把珊珊的微信读出来，问其他学生："有的同学上课睡觉，珊珊该不该记她的名字？"

教室里静悄悄的，学生估计是顾虑到两个班干部和被记名字的同学的面子，半天都没人说话，良久，才有人小声说："应该记录下来吧。"

我让这个学生站起来，问她："为什么你觉得应该记下来呢？"

这个学生说："因为这是我们定好的规则。珊珊都提醒她好几次了，她竟然还睡，珊珊当然要记下来。"

我又问："那你觉得小萌和生活委员两个人说的话正确吗？"

她不吭声。

这时，生活委员主动站起来，说："我觉得我当时说的话是不正确的，有人在课堂上睡觉是破坏了课堂纪律，不能网开一面。我错了，我向大家道歉！"

我走过去拥抱她："你能这样当众认错，也愿意承担责任，你很勇敢。谢谢你！"我想，有了生活委员这样的认错态度，以后其他学生也能正确面对自己的错误了。

小萌也站起来低声说："我也觉得我做错了。我不能因为这个同学和我住在一个寝室，就对她网开一面。如果我这样做了，那么以后别的寝室的同学违纪了，该怎么办呢？"

我说："是呀！同学们不妨想一想，你们从上幼儿园到现在，最讨厌哪一种老师？你们最讨厌的恐怕就是不公平的老师。若张三和李四同样都犯了错误，老师不批评张三，只批评李四，李四怎么可能服气？如果班干部只记录别的寝室同学的违纪行为，而对自己寝室的同学网开一面，你们又怎么可能服气？"

学生纷纷点头。我说："那以后如果你们违纪了，班长记录你们的名字，你们会不会有意见？会不会对她不满？"

学生纷纷摇头。

我说："好吧！现在大家投票，还是按照以前的方式，所有同学都趴在学习桌上，脸朝下。对班长不满的同学请举手。"

全班学生趴在桌子上，没有一个人举手。（这个是能意料到的，即便学生有不满，也不会在这时候表现出来。）我让珊珊抬起头，对她说："你看看有多少人支持你。"接着，我又让班干部们抬起头，说："你们真的可以放心大胆地干了。"

接下来，我们开始讨论另一件事。

前段时间，班里来了一个新生，叫小琦，她的妈妈在医院住院。小琦本想住校，但是学校没有床位，于是她只好暂时走读。一天，小琦晚上 9:00 左右给我打电话，说她回家拿户口本了，第二天上午 10:00 以后才能到校。

我对小琦说："第一，这样的请假属于先斩后奏，以后有事必须提前请假，老师同意后才能回去；第二，如果必须回家，需要让家长给我打电话，让我确信你是回家了，而不是去了别的地方。"

没过多久，一个年轻女子的声音从电话那边传来。我问："你是小琦的什么人？"她回答："我是她姐姐。"

事情叙述完毕，我问学生："我们为什么不能先回家后请假？"

学生回答："因为学生已经回家了，老师不同意也不行了。"

我说："是的，这样做是命令，而不是请假。比如，将来你到幼儿园工作，一天半夜给园长打电话，说你已经回老家了，第二天上午 10:00 再回幼儿园。你让园长怎么办？有的家长每天早上不到 7:00 就把孩子送到幼儿园了，你这样先斩后奏回了家，班上的学生怎么办？所以我们不能这样任性。以后请假前一定要安排好自己的工作，办好请假手续才能回去。这才是有责任心的好员工。"

学生频频点头。

我又问："那么，哥哥或者姐姐能不能替你们请假？"

学生纷纷摇头。

我又问："为什么？"

学生答："因为哥哥姐姐不能代替父母。"

我说："是的，因为哥哥姐姐不是你们的监护人。家长把你们送到学校，我就必须保证你们的安全。这是我的责任。"

其实，我内心最担忧的，是有的学生会找朋友冒充哥哥姐姐替自己请假。

通过这样的讨论，我相信学生以后不会再犯同样的错误了。

最后，是让学生回想入学以来有哪些人曾经帮助过自己，并当着所有人的面表示感谢。

学生都默不作声，好像有点儿不好意思。我说："难道这么长时间，都没有人对你们有所帮助吗？你们应该对帮助过你的人说谢谢。因为，懂得感恩是好运气的核心。"我走下讲台，对一个女生说："比如，我帮助了你，如果你很感激，我就会很有成就感，也会有价值感。这样的话，我下次还会愿意帮助别人。同时，别人看到你这么懂得感恩，也会愿意帮助你，你的好运气就越来越多了。"

这时候，小萌站起来说："我要谢谢班长，她为我们操了好多心。有一次我累了，靠着她的肩膀睡了半个小时，她没有叫醒我。有时候，晚上我不敢一个人睡，就会跑到她的床上，她也不赶我走。所以我要谢谢她。"

我带头鼓掌，说："对，就是这样，感谢要大声说出来！"

接着，小静、佳宁等同学都站起来发言。

细心的读者应该已经看出来了，我对班级进行自主教育时，是采用了一定的技巧的。

首先，我采用的方法是——我建议，你选择；你选择，你负责；你负责，你面对；你面对，我陪伴。比如，对于使用手机的问题，我只是提出了建议，学生若不认同，我就尊重他们的选择，按照他们提出的方案进行管理。之后，倘若有人违反，他们就必须为自己的选择负责——让我代为保管手机一周。

再如，国庆放假前，学校召开运动会，还要对运动员入场式进行评分。我让学生全权负责挑选服装、道具，然而，排练节目、下载音乐等工作，依然采取我建议、学生选择的方式，学生的参与度非常高，节目排练得也很顺利。但是直到彩排前一天，他们都还没有下载背景音乐。我催了几次，他们也没当回事。彩排前一天的晚上，学生才惊慌失措地跑来问我："老师，没有背景音乐怎么办？"我说："那就喊着口号做吧！"学生纷纷摇头："那多没有气氛呀！"我说："没关系，这次大家都太忙了，没有来得及准备。要是丢人了，我也陪着你们。"学生一看我真的不着急，他们反而急了，当天晚上就下载了音乐，还主动加班加点排练。最终，我们班的入场式在一年级新生中获得了第一名的好成绩。

其次，在讨论问题的时候，我会先征求当事人的意见，不评价，不批评。这样一来，当事人就不会产生逆反心理。我们讨论的目的永远是寻找解决问题的方案，是从他人的错误行为中发现全班同学成长的契机。

再次，投票时我让学生趴在桌子上，脸朝下，举手表决。我之所以不让大家抬头看，是因为我担心一些学生没有主见，看见别人怎么选择，自己也跟着选择。或者有的学生很强势，会强迫别人选择自己中意的答案等。

最后，我喜欢用拥抱的方式，来表示自己对学生的理解和支持。因为，拥抱是非常有效的共情方式。另外，在召开这样的主题班会时，班主任还要引导学生真诚地向别人道谢，并且说出自己感谢对方的原因，这一环节有利于在班里形成积极向上的班风。这也是《正面管教》一书中所倡导的做法。

班级日常管理事务林林总总，有一些事情必须由班主任做，有一些事情却可以交给学生来做。比如，填写表格、布置卫生任务、排座位等，班主任可以放手让认真细心的班干部去做。当然，一开始的时候，班主任一定要手把手地教他们，事后还需仔细审核，甚至比我们自己做花费的时间更多。但是，他们学会之后会有成长的愉悦感和成就感，他们的能力得到了提高，班主任就会更轻松。

应该说，能够让学生参与到班级日常管理中来的自主管理模式，是最值得提倡的。

8 他说，"我班的班规形同虚设，得不到学生的认可"

> 他说："我班的班规是我根据校规制订的，但是在学生眼中，班规就是摆设。新学期开始，我想让学生重新制订班规，他们却不积极参与。
>
> "李老师，我班的班规形同虚设，得不到学生的认可，我该怎么办呢？"

班规是班级文化很重要的一部分，班主任一定要和学生一起商讨、制订班规，保证每一条规定都和学生的学习、生活息息相关，都落到实处，而不仅仅是一行行文字。同时，班规的制订需要长时间的准备。

比如，为了制订班规，2019年暑假我给学生布置了一项作业：采访五个亲朋好友（父亲、母亲、叔叔、小姨、舅舅等），了解他们分别从事什么工作？在他们的公司里，有怎样的工作制度？他们的收入情况是什么样的？如果迟到、请假或旷工，要按怎样的标准扣除工资？如果工作业绩好，又能获得怎样的奖励？完成采访后，设想如果你是员工，对这些制度有什么看法？如果你是领导，又会有怎样的改进？下学期我们应该怎样做才能制订出合理的班规？……最后还要写出一篇不少于 2000 字的调查报告。

其实，我是想借此机会减少班级里存在的迟到、旷课、不交作业的现象，同时让学生明白"一粥一饭，当思来处不易；半丝半缕，恒念物力维艰"的道理，明白社会竞争的残酷。没想到，学生交上来的调查报告震撼了我！我为学生有这样认真学习的态度和家长的理解、支持而欣慰，也为学生家长积极向上的人生态度而感动。

比如，其中一个学生颖颖在调查报告中写道：

妈妈是做生活电器销售工作的，她卖的产品有剃须刀、毛衣剃球器、吹风机等。

妈妈所在的单位实行的是上午班、下午班轮班制。上午班的工作时间是 8:00—14:30，下午班的工作时间是 14:30—22:00，每周可以和同事调休一次。工资由底薪和提成组成，如果销售任务完成得好，还有额外的奖金。妈妈一个月的工资是 3000 多元。销售员上班的要求是必须穿工装，不能擅自离开自己的岗位，要一直站着，不允许坐下休息，也不能玩手机。休息时间只有吃午饭或晚饭时的 40 分钟。销售员要对自己负责的产品非常熟悉，不管顾客问你什么问题，都要对答如流，对柜台里的样品、展品的款式和数量也要熟悉，产品一旦丢失就要自己赔偿。

通过这次调查，我感觉做销售员挺不容易的，要是我来做，真不一定做得好。

知道了家长的不容易，了解到妈妈在工作中很努力、很优秀，明白了妈妈的工作也需要背诵、记忆，青春期的学生在父母面前还会那么叛逆吗？

颖颖接着采访了外卖员，她写道：

外卖员赚多少钱取决于其订单量，订单距离近的话，每单能赚3元左右，距离远的话，还会有额外的补贴。

外卖员送餐非常不容易。不仅超时会被扣钱，被客人投诉一次还要被扣60元，相当于大半天都白干了。

一位外卖员说，有一次他送货的时候不小心洒了一点儿汤汁，就被客人投诉了。

有的顾客住的楼层高，如果遇到停电，外卖员就得爬楼梯把外卖送上楼。

还有的顾客让外卖员帮忙从楼下超市买东西，不买就给差评。

经过两个月的调查，我感觉做什么工作都挺不容易的，今后我会更加珍惜在学校的生活！

如您所见，我的学生在调查过程中了解到生活不易，变得越来越有同理心。

学生然然在报告中写道：

我的第一个调查对象是理发师学徒。他的保底工资是600元，一个月的工资大概是1500元。每天10:00上班后开例会，但例会的实际内容是打扫卫生。学徒一天要打扫六遍卫生，少打扫一遍就要被扣10元，旷工一次被扣200元，如果与客人发生争执，也要被扣工资。下班时间不确定，最后一个客人什么时候走，他们便什么时候下班。下班前依旧要开例会，内容是总结当天的工作情况，以此来确定每个理发师月末究竟能结算多少工资。我个人认为这种每天结算的制度非常好，既可以调动员工的积极性，让每个员工都得到应有的报酬，又能集中点评员工的优缺点，让大家相互学习。

理发师如果早上起晚了，就来不及吃早饭。中午客人多的话，也没时间吃饭。所以，他们常常是从早上忙到凌晨才能吃东西。特别累的时候，可以趁着客人少的时间，在理发店外的椅子上休息十几分钟，而且只能坐着休息不能吃东西，所以他们大多都有胃病。

如果不是看到学生的调查报告，我真的不知道，原来理发店的学徒这么辛苦。我不得不说，我自己也被教育了。

然然采访的另外一个人是他的妈妈：

妈妈是一名车间工人，在食品加工厂上班，每月工资3700元。迟到一次扣一天的工资，旷工一次扣三天的工资，请假扣除当天工资，每月全勤奖500元。

我听妈妈说，他们进车间前一定要全副武装，工装、口罩、帽子、靴子，一样都不能少，也不能留长指甲。如果中途要上厕所，就要离开车间，并脱掉一身的装备，返回时再重新穿上继续工作，为了减少麻烦，妈妈工作时一般很少喝水。

经过这一番调查，我的感想颇多。钱真的很难挣，我现在之所以生活得这样轻松，是因为妈妈在替我负重前行。而且，无规矩不成方圆，规矩里面的自由才是真正的自由。

学生经过这样的调查、总结、分享，对学校有关规范仪容仪表的规定就没有了异议，对我给他们提出的上课不迟到、不旷课、无事不请假的要求，也没有了任何不满。

而最后让我们班的班规确定下来的，是蕾蕾。她和另一名同学利用暑假时间到一家公司做了全面调查。她和大家分享了这家公司的管理制度，学生一致认为这家公司赏罚分明，我们可以仿照这家公司的制度制订班规。

于是，我们班每个月发"工资"的班规就诞生了：

2018级幼师1班班规

每人每月底薪2000元，绩效奖金300元，全勤奖金200元，额外奖金上不封顶。

全勤奖金：每迟到1次扣除底薪10元，迟到超过3次无全勤奖金。（请假和迟到的扣除方式相同）旷课1次无全勤奖金，且每旷课1次扣除底薪10元。

绩效奖金：每未完成作业1次扣除绩效奖金10元，超过3次无绩效奖金。卫生检查不合格，扣除当天值日生的绩效奖金10元，超过3次不合格值日生无绩效奖金。仪容仪表检查不合格者，1次扣除绩效奖金10元，超过3次无绩效奖金。

班干部（除课代表和寝室长以外）每月奖金100元，轮换的新班干部奖励100元。（我们班的班干部制度是开学第一周由固定班干部负责班级事务，后续每周由其他学生轮流负责班级事务，新班干部是老班干部的徒弟。）课代表每月50元奖金，当天的作业超过10人未交，扣除课代表10元。寝室长每月50元奖金，卫生检查1次不合格，扣除当天负责打扫卫生的学生15元，扣除寝室长10元。

额外奖金：积极参加学校活动者每人奖励100元，领队和主要表演者奖励150元。上课被老师点名表扬1次奖励10元，被点名批评1次扣除10元，卫生检查1周未扣分，小组组员每人奖励20元。

开会：每天早上和中午预备铃响后选1名同学讲故事（励志小故事），若是拒绝则扣除10元底薪。每个寝室每天晚上开1次总结会，公布当天扣钱、奖励的情况。班干部1周总结1次。班级每月发1次"工资"（表扬信）。

奖励：每个月底结算小组"工资"，得分最高的小组有额外的奖励。

班会课上，我和学生一条条地讨论、修订班规。有个别同学以前经常请假，现在却说："我不敢再请假了，再请假就没有'钱'了！"

当然，我发给学生的不是钱，而是一封表扬信，信上注明每个学生的"工资"数目。根据"工资"的多少，我把学生分为"富裕、小康、温饱、待脱贫"四个层级。每个月发一次"工资"，每封表扬信上都写着："××同学本月表现积极（如实描写），'工资'×××元，是班级里的××层级，特此表扬。"

2019年9月28日下午，我们班第一次发"工资"，班干部将"工资"情况汇总之后，提前写好表扬信，我一边在每封信上签字一边说："咱们晚上发'工资'，看看本月谁是我们班最富裕的人，谁又是最贫穷的人。"

其实不用算，我们也能猜出来哪个同学的"工资"最少。因为他常常请假、迟到，还经常不写作业。当我提醒他每天都在被扣"钱"时，他笑嘻嘻地说："没事，老师，我不介意。"我笑着嗔怒道："你不介意，我介意！我的学生将来这么穷，可怎么是好？"

我在决定用"工资"代替量化考核分数时，内心其实非常忐忑。我已经做好了充分的思想准备，准备接受各种质疑的声音。比如，过分的物质奖励，会减少学生对成长的愉悦感受；比如，你这个原本浪漫诗意的女人，现在怎么钻进了钱眼里，一身铜臭；比如，你怎么能按照学生"工资"的多少来给学生分层级……

没错！每次发"工资"，我都让学生把桌子摆放在教室四周，用凳子在教室中间围成一个有缺口的圆，以便将最富的学生和最穷的学生隔开。班长按照"工资"的多少宣布排名，被点名的学生则坐到对应的位置上。

我站在圈子中间，发表演讲："大约两年前，我参加了一个企业家培训。我们在上过三天课后，导师让助教带着每一个学员，给团队里的其他人打分。比如，让我走到团队其他人面前，根据这个人几天来的表现，判断他是属于'付出'型还是'索取'型。如果这个人平时发言比较积极，乐于分享，热心帮助别人，关心团队建设，从不迟到，我就要说'付出'；如果这个人平时上课不积极发言，不关心团队，听课状态不佳，我就要说'索取'。最后，导师根据每个学员'付出'的多少排顺序。那天，导师告诉我们，我们现在的位置，说明了我们在社会上的影响力，也就是我们在社会上的地位，我们付出得越多，影响力越大，地位越高，座位就越靠前。这是一个游戏，同时也给了我们一个警示——你希望自己成为什么样子？你希望自己处于什么地位？而现在你又在什么地位？为什么会出现这样的情况？你应该怎样改进？现在，我也要告诉大家，这就是你们一个月来在我们班富裕或贫穷的排序，也可能是10年后、20年后，你在咱们班同学中富裕或贫穷的排序。如果你现在的位置很靠前，不妨想一想这是为什么？因为你从来不迟到、不请假、不违反纪律，你认真完成了作业，同时对班级还有其他的贡献。如果你现在的排名很靠后，又是为什么？"

下午，班干部已经把"工资"的数额写在了表扬信中，班级"工资"最多的前10名被定为"富裕级"；第11—30名是"小康级"；第31—40名是"温饱级"；最后3名是"待脱贫级"。

接着，我换了语气，缓缓地说："我知道，班规有很多地方不公平，比如……"我走到走读生婷婷面前，说："婷婷、温晴、英英都是我们班成绩非常优秀的学生，她们从来没有迟到、请假、不写作业，但是，她们这次的名次并不靠前，为什么呢？"

雨萌大声说："富贵险中求。"

我转身温和地阻止道："什么'富贵险中求'？我觉得这是因为她们没有住校。住校生只要寝室卫生好，每天都可以加10元。"

203寝室的同学纷纷说："我们一直都没有加钱！"

我耐心解答："你们没加钱是因为你们没有把自己的寝室整理好，你们是有机会每天得到奖励的，但是你们没有抓住这个机会。她们可是根本就没有机会呢！"学生认可了这种说法。

我又问："那么除此以外，还有什么原因？"

有学生说："她们没有担任班干部或者课代表，没有为班级服务，所以排名就靠后了。"

雨萌又喊了一声："富贵险中求。"我没有回应她——其实雨萌说的这句话是有道理的，但当时我不懂。

我继续问："你们觉得还有什么不公平的地方呢？"

美术课代表然然说："咱们班的简笔画作业是每天都要交的，我的工作量太大了，我还要完成宣传委员的工作呢！而有的课代表一周才收一次作业，人家不仅轻松，还不容易被扣钱。所有课代表每月都是50元的岗位津贴。我认为这是平均主义，是不合适的。"

我笑了笑，问大家："你们有什么看法？"

有个学生说："咱们班同学每天都要交给书法课代表敏敏一张钢笔字作业，人家敏敏也很忙。但是，她每天都可以收齐作业。"

静静说："因为敏敏上课前会吆喝'大家别忘了练钢笔字'，下课又喊'交钢笔字作业'，她总是在不停地吆喝。"

还有个学生笑着说："她白天总在喊'有空快练钢笔字'，她好负责哦！"

然然呆呆地站着，面色苍白，我估计这段时间她确实是累坏了，也很心疼她。

我问她："你觉得怎样解决这个问题比较好？"

然然说："换一个美术课代表吧！"

我说："可以，换谁呢？"

这时有学生说："咱们班有两个美术课代表呢！另一个是雯雯。"

雯雯是我们班"工资"最高的同学，我问："雯雯，你的'工资'为什么那么高？你想过原因吗？"

别的学生替雯雯回答："因为她是学习委员，还担任了美术、钢琴、舞蹈三个学科的课代表，又从来不迟到，按时交作业。"

这时，雨萌又喊了一声："富贵险中求。"

我恍然大悟，说："雨萌这句话说得有道理！雯雯富裕，是因为她付出得多！雯雯除了是学习委员及三个学科的课代表外，还是国旗队的队员，又是学校舞蹈队的队员。她每天中午放弃休息时间去练功，同时还负责全校的琴房管理工作，一有时间就去练琴，上学期她还是管乐队的负责人。当今社会上哪一个富裕的人，不是这样勤奋努力的？这样的人不会贫穷。普通员工只要干好自己的活就可以了，而老板恐怕连睡觉都在思考怎么能让公司赚钱。一个人富裕是有原因的，能力、勤奋、时间管理，缺一不可；同理，一个人贫穷当然也是有理由的呀！"

接着，我又问："然然不能继续当美术课代表了，因为她要带领大家布置教室，确实很忙。那么，雯雯愿意当美术课代表吗？"

雯雯笑着说："我愿意。"

我说："你也别贪多，干不好本职工作，会被扣奖金的。"接着，我又问其他学生："我们需要两个美术课代表，谁愿意毛遂自荐？"

学生都不说话，我一个个看过去，说："小梅，你愿意吗？"小梅和同学们一致点头。我说："其实我知道美术课代表任务很重，每天都要收作业，所以就安排了两个学生当美术课代表。"

接下来，小艺说："老师，我都不知道这'工资'是怎么算的，我怎么就坐到了这里？我还是纪律委员，有100元奖金呢！怎么只是温饱级别？这个月我的确请了几次假，第一次是因为我生病，第二次是因为我家里有事。但是，因为请假我的全勤奖金已经被扣了，怎么还扣绩效奖金？这不是扣了双份钱吗？我觉得不合适。"

我问："同学们，谁来回答她这个问题？"

蕾蕾说："因为你请假的时候没有交作业。在公司里，如果你某天请假了，但是事后将工作任务完成了，就只用扣除考勤的钱，不用扣除绩效奖金。如果你的工作完成得特别好，说不定还有很高的提成呢。但是，在我们班上，你请假了，你作为纪律委员的工作就需要别人替你完成，当然是全勤奖金和绩效奖金一起扣了。"

小艺愣愣地坐在座位上。

我说："比如，有一天我请假了，但是我和同事调课，把我该上的课补上了，那么学校就不会扣我的课时费；如果我只是请同事替我上课，事后我没有补课，那么学校在扣除我全勤奖金的同时，肯定还要扣除我的课时费。"

小艺点点头，又说："可是请假、迟到扣的钱也太多了吧！迟到三次就没有全勤奖金，迟到四次就要扣底薪50元。"

蕾蕾说："公司就是不想让员工迟到、请假，规定当然严格了。"

英英点头说："我妈妈在水厂工作，她从来不请假，病了也不肯请假。我很心疼她，一个月怎么能一天假期都没有呢？谁还不会生病啊！有一次，妈妈感冒很严重，我劝她请假，她说，她请一天假就要扣100元，后来她还是上班去了。"

我说："当然，咱们班同学如果生病了，还是应该请假的，因为健康最重要。"

每个月的表扬信我都会留下来，等到学期末的时候，再看看谁是本学期班里最富裕的人，给予额外奖励，并作为学期末评优评先的一种依据。直到这一届学生毕业，我们班的班规都实施得挺好，每个学生都在动脑筋思考如何完善班规。

如果您想学习这种班规的制订方法，需要注意以下几点。

1. 先让学生做调查，他们经过调查得出的结论，远远胜过我们强加给他们的结论。不要小看学生的能力，他们会写出超出我们想象的调查报告，并且能更深切地理解为什么班规要这样制订。

2. 制订班规必须在自主协商的基础上进行，并且广泛征求学生的意见。如果某个学生的发言不合理，不用老师开口，自然会有其他学生站出来加以否定。只要所有的规则和纪律都是学生自己制订的，学生就会产生为自己的行为负责的意识。

3. 在执行班规时让学生感受到老师和善与坚定的态度。

4. 每天都要有一个小小的总结。这样有利于学生了解自己当天存在的问题，便于督促他们今后做得更好。

5. 一个月后的排序和惩罚，都是以游戏的方式进行，不要让"工资"低的同学感觉自尊心受到伤害。这需要班主任在班级里营造团结、上进、和谐的氛围。

6. 如果有班干部提出辞职，班主任不要强求。可能他们真的觉得很难、很累，需要调整一下。给每个学生一个温暖而安全的成长环境，尊重他们的选择，才是最重要的。

7. 发"工资"的时候，要将课桌挪到四周，让学生将凳子围成一圈。这样不但有助于他们集中注意力，还能让他们更深刻地体会一个月来不同的努力所换来的不同收获。

8. 随时做好调整班规的准备。必须是在班会上由全体学生讨论通过后班主任才可以调整，不可以随便更改班规。

9 她说，"我想在学生离校前开最后一次班会，却不知道如何操作"

> 她说："自从听说了'峰终定律'后，我就对学生毕业前的班会心心念念。李老师，我想在学生离校前开最后一次班会，却不知道如何操作，您能帮帮我吗？"

"峰终定律（Peak-End Rule）"是 2002 年诺贝尔经济学奖获得者丹尼尔·卡尼曼（Daniel Kahneman）教授提出的经典理论，经常被运用在服务业。这个定律的核心观点是：高潮时与结束时的体验，是未来人们最容易回忆起来的感觉。

所以，我们在带班的时候，一定要有意识地去创造师生互动的正向高峰体验——比如，别开生面的晚会，竞赛的颁奖礼等。而最不能错过的，就是上文所说的学生离校前的最后一节班会课，它会让学生或欣喜，或感动，或回味无穷，也将成为他们在学校最深刻的记忆，可能滋养他们一生。

我的每一届学生毕业前，我都会给他们上离校前的最后一节班会课，由学生主持，内容是回顾学生入学以来最值得回忆的场景。比如，以下是我组织的 2020 届学生毕业班会的主要内容。

准备工作：收集学生在校期间参加各种活动及获奖的照片，做成课件；班干部聚在一起，回想班里每一位同学的优点，给每位同学写最贴切的表扬信，比如，建利是"班级里最可爱的同学"，文静是"最关心班集体的同学"，等等。每个学生最少会收到两封表扬信，我和班干部会在表扬信的背面签字。

班会有四个环节。

第一个环节：拉开青春的序幕。班长珊珊播放歌曲《长大后我就成了你》——同学们即将踏上工作岗位，马上就要成为一名幼儿园教师了。

第二个环节：回首美丽的往事。团支部书记播放幻灯片，与同学们一起回忆在校期间的点点滴滴。从大家走进校园时的照片开始播放：军训的场景，第一次上课的样子，运动会开幕式上同学们的飒爽英姿，一次次班级体验活动……屏幕上，我们高兴时欢呼雀跃，难过时相拥而泣。接下来播放老师们备课、批改作业、讲课等主题的照片；展示同学们在合唱比赛、朗诵比赛、技能竞赛等获得一等奖时的照片。每一张照片出现时，同学们都会惊叹，然后陷入回忆。

第三个环节：获得珍贵的评价。和着《毕业季》的歌曲旋律，学生关灯、拉上窗帘，将班里的氛围营造得宁静温馨，我用柔和的声音带着学生做扫描式放松：将双脚放到地板上，闭上双眼，趴在桌子上，感受脚底板触碰地面的感觉，然后一点点放松脚背、脚踝、小腿……班干部们趁此机会，将一封封表扬信轻轻地放在同学们的手边，有的同学还会偷偷睁开双眼看一下，那样子可爱极了。

当所有的信都送出后，灯光亮起，教室里沸腾了。同学们看完自己的信，纷纷和同桌交流。

我深情地说："三年时间转瞬即逝，同学们相互配合，取得了很多成绩，有了巨大的进步。所以，我和班干部们利用休息时间，给大家写了表扬信。正如信上所写，你们是我最优秀的学生！"

第四个环节：表达真诚的谢意。先由我对三年来自己曾经犯过的错误说抱歉。我说："对不起！老师在无意中曾经伤害过一些同学，希望你们原谅我。同时，谢谢你们！谢谢你们成为我的学生，丰富了我的生活，圆满了我的人生。无论你们以后到什么地方，我都会在学校远远地注视着你们，关心着你们。因为，我爱你们！你们已经成了我生命的一部分。现在，让我们听听班干部们想对你们说些什么。"

小莹第一个上台，她先向大家深深鞠躬，之后说道："两年来，我担任寝室管理员，每天都要求大家打扫寝室卫生，按时就寝。有时候，我着急了，说话会比较严厉，但是你们没有和我计较，谢谢大家的配合！"说完，她的眼圈红了。

雯雯是我们班最刻苦的学生，进步也最大，她在座位上已经哭得双眼通红——估计是为她在校期间的刻苦和获得的成绩而流泪吧！她上台后哽咽着说："我最感谢的是文琦、小敏和思思，她们是学校舞蹈队的成员。有一段时间，她们一直利用课余时间陪我练舞蹈。"雯雯入学时的学习成绩并不是班里最好的，毕业时却是我们班最优秀的学生之一。看见她泪流满面，我急忙示意文琦、小敏和思思上台拥抱她。

接下来是珊珊、小冉、小静、欣欣上台致谢。班干部一个个上台感谢同学们，掌声一次次响起来。最后，我说："这两年，我们的班干部为班级付出了很多，比如，同学们的很多学习资料是珊珊帮忙整理的，每天的值日是小静安排的，锻炼身体的各种活动是欣欣组织的，黑板报是小冉设计的……让我们谢谢她们。同时，我也给这几个班干部每人准备了一个荣誉证书，我认为她们都是优秀班干部！"

让我没有想到的是，班会临近结束时，珊珊跑上台说："老师，我们也给您写了一封表扬信。"我惊喜地打开信纸，上面写着："李迪，您在2018—2020年度被评为最可爱、最温暖的老师，值得称赞，我们替您感到骄傲！"珊珊说："老师，您看，后面还有我们班干部的签名呢！"

我真的非常感谢我的这些学生！

班会结束时，我说："今天，我们每个人都拿到了奖状，这是我们给予彼此的嘉许，以后你们也可以经常给身边的人颁奖。比如，父亲节时给爸爸颁发'好爸爸奖'，母亲节时给妈妈颁发'好妈妈奖'等。生活本来就应该是这样，我们在一个个小惊喜中体味生活的幸福。"

这次班会是我设计的，高潮部分却是自然生成的，恰好符合"峰终定律"的理论。

这样的班会，怎么可能不让学生记忆一辈子呢？

10 她说，"接手新生班，怎样才能物色到合适的班干部呢"

她说："我是一个年轻教师。我性格内敛，上学的时候在班上属于'沉默的大多数'，从来没有当过班干部。如今，学校安排我当七年级一个班级的班主任，我的心里特别没有底气。班级刚刚建立，需要挑选合适的班干部来带领学生共同进步，但我不了解学生的情况，学生之间也互相不了解，呈现出'你不让我，我不让你'的状态。我知道自己首先要做的是选贤任能，找品学兼优，有一定组织能力、协调能力，且愿意为班级服务的学生当班干部。但是，接手新生班，怎样才能物色到合适的班干部呢？"

孔子曰："视其所以，观其所由，察其所安，人焉廋哉？人焉廋哉？"孔子的意思是：（要了解一个人）应看他言行的动机，观察他所走的道路，考察他安心干什么，如此，这个人还能隐藏什么呢？

孔子的这句话告诉了我们答案：多留心，多观察，就必然能挑选出合适的班干部人选。我建议班主任在开学时，可以通过问卷调查、细心观察、自我推荐三个步骤来了解学生，进而选任班主任。

一、问卷调查。

在新生入学的第一天,我会发给每位学生一份调查问卷。如下所示:

调查问卷

1. 是谁给你起的名字?你喜欢这个名字吗?现在若让你为自己起一个网名,你愿意起什么名字?

2. 你有几个兄弟姐妹?你在家中排行老几?

3. 你长期跟谁生活在一起?你最喜欢和谁生活在一起?请说说理由。

4. 你最早的记忆是什么?你最得意的一件事是什么?你最苦恼的一件事是什么?

5. 以前你有当班干部的经历吗?如果有,那么你认为这种经历给你留下的最深刻的印象是什么?

6. 你认为你的优点有哪些?请举例说明。

7. 在教过你的老师中,你最喜欢哪一位老师?请说明原因。

8. 你最喜欢哪门学科?为什么?你喜欢读什么类型的书籍?

9. 你喜欢和哪位同学一起玩?这个同学有哪些优点?

10. 你每天有多少零花钱?你希望家人给你多少零花钱?

11. 你是否有请假超过一周的情况?是什么原因?

12. 你每天早上几点起床?晚上几点休息?你有坚持每天锻炼身体的习惯吗?

13. 你的课余时间是怎么安排的?

14. 将来你想从事什么职业?

15. 你希望自己的班级是什么样子的?你希望班主任是什么样

子的？

调查问卷的第1—4个问题有助于教师分析学生的成长环境和性格成因，第5—9个问题有助于教师了解学生的自我评价和性格特征，第10—13个问题有助于教师了解学生的生活习惯、学习习惯和自控能力，第14—15个问题有助于提醒学生思考自己的人生目标。

通过问卷调查，我们能够对学生的性格、人生观、价值观都有一定的了解。需要注意的是：有的学生回答这些问题时非常认真，无论他们的答案是什么，我们都可以看出来，他们是动了一番脑筋，有一定思索的；还有一些学生的回答非常简单，可能是他们心里有话想说，但是说不出来。通过这些细节，我们便能看出前一种学生比较适合担任班干部。问卷字迹工整、条理清晰、口头表达能力出色，且有一身正气的学生，是生活委员的最佳人选。用相同的方法，我们还可以选出班长、学习委员、纪律委员等班干部。

二、细心观察。

除了问卷调查，我们还可以通过军训看出学生的自制力。一般情况下，平时看起来吊儿郎当、行为习惯不好的学生，在进行站姿、坐姿训练时也不会做得太好，而那些自制力比较好的学生，通常都能严于律己。在一次军训中，我所带的新生班级里有一个叫小丹的女生向我请假，说她腿上有伤，要趁休息时间去医院检查。我撩开她的裤管，发现她的小腿上生了一个很大的疮。我心疼地说，她应该早一点儿请假，甚至可以不参加军训。她轻轻地笑道："没关系的，老师，我能坚持。我很想体会军训的滋味。"

军训结束，学生入班上课。教材发完后，讲台上留下小山一般的包装纸。课间休息时，小丹主动把包装纸整整齐齐地码放在教室后的墙角处，抬头看见我，她笑着说："老师，这些废纸可以当废品卖。"

我仔细打量着她：高高的个子，坚定的目光，温和有礼的言语，整洁的着装……想到她腿上尚未痊愈的疮，我在心中感叹："这个女生自制力强，做事细心有条理，是个当班干部的好苗子！"

后来事实证明，小丹是我带班以来表现最优秀的生活委员之一。小丹当生活委员期间，我们班教室后面的笤帚、垃圾桶总是摆放得整整齐齐，全班同学的卫生习惯也得到了改善，小丹用自己的行动影响了整个班级。

有时候，我会在学生进教室学习的第一天，给他们开一次以"煮一锅班级'石头汤'"为主题的班会。我会先给学生讲"石头汤"的故事：

从前，有三个和尚来到一个小村庄，他们发现这里的村民之间没有信任，彼此猜忌。于是，三个和尚决定煮一锅"石头汤"，教会村民合作。

和尚们对一个小姑娘说："我们要煮'石头汤'，需要找三个又圆又滑的大石头。"小姑娘在院子里找到了石头。和尚阿泰说："但是，我们的锅太小，煮的汤不够喝。"

"我家有口大锅。"小姑娘说着便跑回家对妈妈说了这事，妈妈同意把大锅借给和尚们。

小姑娘把大锅推到村子的中央，和尚们往锅中加水、放入石头，并点燃柴火……村民们都好奇地打开房门走出屋子，他们都想看一看，"石头汤"是怎么煮的。

正在搅动着"石头汤"的和尚阿福说："如果加了盐和胡椒粉，'石头汤'就好喝了！"

一个读书人立即跑回家拿来盐和胡椒粉加入"石头汤"里。和尚阿寿说："这么大一锅'石头汤'，如果加上一些胡萝卜，就更香甜了。"

一个妇人从家里拿来了胡萝卜。

"要是放些洋葱，味道是不是会更好？"阿福问。

一个农人跑回家取来了洋葱。

"再加些蘑菇呢？"阿泰说。

不一会儿，蘑菇也被取来了。其他村民还纷纷带来了面条、豌豆和包菜。就这样，汤锅里的东西越来越多，豆腐、芋头、冬瓜……和尚们搅动着锅里的汤，心里想着：多么香啊，村里的人多么懂得付出呀！

汤煮好了，村子里的人聚在一块儿喝汤。在记忆里，他们从来没有像现在这样聚在一起享用这么美味的汤。喝完汤，他们一起聊天、唱歌，一直到深夜，他们感到无比快乐。

"非常感谢你们，是你们让我们懂得了分享，拥有了快乐。"村民们对三个和尚说。

"其实想一想，"和尚们说，"快乐就像煮'石头汤'一样容易呀……"

讲完故事后，我问学生知不知道我为什么要讲这个故事。学生纷纷说："老师想让我们团结、合作。"我点头说："是的。我想在咱们班也煮一锅'石头汤'。我很高兴地发现，我刚刚把锅架起来，马上就有同学往里面放了盐和胡椒粉，甚至是胡萝卜。现在，请同学们回想一下，在我们军训这段时间，有哪些同学往'石头汤'中加入了美味的食材？"

教室里寂静无声，同学们显然没有留心观察，或者说，他们看见了别人为班级付出，甚至自己也曾经为班级付出，却并没有和"石头汤"联系到一起。

我微微一笑，说："刚才我们都领到教材了。但是，教材没有长脚，它们是怎么从学校的图书室，经过操场、花园来到教学楼三楼，再放到教室讲桌上的呢？"

学生似乎明白了我的意思。

我笑着邀请下午辛苦搬书的几位同学站起来，说："是这些同学顶着烈日，汗流浃背地抱着书，一趟一趟地往返于一号教学楼和二号教学楼，才让我们在走进教室的时候看见教材。是他们在'石头汤'里放进了营养丰富、味道鲜美的食材。让我们用热烈的掌声感谢这些同学，并听他们做自我介绍。"

下午搬书的几位同学红光满面，逐一做了自我介绍。

我继续启发道："大家回想一下，除了他们以外，还有人向我们的'石头汤'里投放过食材吗？"

学生依然没有说话。我又一次开口："请刚才为我们发书的同学站起来。"

又是逐个的自我介绍，又是一阵热烈的掌声，又是一次感恩教育的强化……

我继续提问："如果没有同学打扫卫生，我们的教室会像现在这么整洁吗？"

于是，下午打扫卫生的同学站起来做自我介绍，并接受了同学们的掌声……

最后我说："其实，这几天，主动为我们班级服务的同学有很多很多，接下来请大家看这些照片。"

我开始播放学生为班级服务的照片，并让照片中的学生做自我介绍，接受同学们的掌声。

（注意：肯定有三五个学生不止一次站起来接受掌声，这三五个学生非常乐于为班级服务，是班干部的最佳人选。）

2011年，新生开学第一天，我还没有来得及给学生讲"石头汤"的故事，一早来到教室，就看见地面上有垃圾，走廊上有纸片。我什么都没说，拿起笤帚就到走廊上扫地。

我刚扫了两下，一个很文静的女生就跑来夺我的笤帚。我将笤帚递给她，问道："你叫什么名字？"

她回答："小静。"

我点点头又拿了一把笤帚，这一次美玲、小晨、婷婷、小丽四个同学一下子站起来，她们起身接过我手里的笤帚。我依然不多说话，任由她们干活，却转身端起了脸盆，朝教室地面上洒水。这一次，班里再没有一个学生起身了，甚至当我提醒他们把脚抬起来时，都没有人想到要起身帮忙打扫卫生。

上课后，我走上讲台，温和地说："请刚才帮我打扫教室卫生的同学站起来。"

小静等五个学生莫名其妙地站起身。我说："今天，是咱们进教室学习的第一天，我对大家进行了一次测试。遗憾的是，只有这五名同学通过了测试。"

班里的学生都一脸迷茫。我继续说："假如，将来同学们到一个单位应聘，我是这个单位的领导，但你们不认识我。当我走进来拿笤帚打扫卫生的时候，考试其实就已经开始了。任何一个单位都不缺少在空调房里坐着享受的人，却需要不怕苦、不怕累、眼里有活儿的员工。所以，那些主动帮我打扫卫生的人，就是我要选择的人。请大家记住：不管你的学业多么优秀，若没有吃苦耐劳的精神和为班级服务的意识，你就不是最优秀的学生。这，就是我为你们上的第一堂课，希望你们能牢牢记住。"

我的"第一堂课"不但让我心里清楚班上哪些学生具备当班干部的潜能，还鼓励学生"眼里有活""为班级服务"，为以后轮流当班干部制度的启用埋下了伏笔。

三、自我推荐。

了解学生，进而选任班干部，还需要学生的自我推荐。在"煮一锅班级'石头汤'"主题班会的后半部分，我表扬了已经为班级服务的学生之后，说："那么，在将来的日子里，你们打算怎样熬制我们的'石头汤'？你们又打算如何在'石头汤'里增加营养美味的食材呢？"

学生兴致勃勃地看着我。我说："其实，做好我们应该做的事情，就是为班级争光，也就是为'石头汤'增加美味食材了。比如，这一周的值日生工作就非常认真……"

这时，小颖举手说："老师，我的普通话很标准，咱们班有好多同学平时习惯说方言，我愿意在以后的日子里督促大家学习普通话。"

我惊喜地看着她，心想："普通话课代表有着落了！"我们班的学生大多来自农村，普通话不标准是他们最头疼的问题，没想到小颖会自告奋勇为大家服务。

班上的气氛再一次热烈起来，有了小颖带头，其他学生也知道该为我们的"石头汤"贡献什么食材了。

有学生说："老师，我喜欢打篮球，我愿意在我们班成立一个篮球队。"这样体育课代表也有人选了。

还有学生说："我喜欢画画，我愿意……"

"我喜欢舞蹈，我愿意……"

…………

如果学生做了自我推荐，老师也比较认可，就可以直接指定为班干部。当然，如果学生无意做班干部，我们也要尊重他们的选择。

11 他说，"学生犯错后没有资格要求公平"

> 他说："班里有部分学生在午饭后的自习课上说话，面对班干部的批评，他们说：'别人也捣乱了，你为什么只管我们？'班干部无言以对，向我求助。我为此上了一节班会课，学生发言积极，效果很好。我在点评时说：'想要寻求公平是很正常的心理，但是你在犯错的时候才想到它，是不是太不合时宜了呢？当你受伤害、被诬陷、被冤枉时，你可以呼唤公正公平，但唯独犯错的时候，请不要呼唤公平。如果它在这时候都能被你当成借口，那将是多么悲哀的事！'点评完，我在黑板上郑重地写下一句话——学生犯错后没有资格要求公平！
>
> "李老师，您认可我的观点么？"

我不认可这位老师的观点。

首先，我认为犯错的人是有资格要求公平的。试问，人生在世，谁没有犯过错呢？如果犯过错的人都没有资格要求公平，那岂不是所有人都不能要求公平了？

也正因为我们都曾经犯过错，所以更要宽以待人，也要能宽以待己。原谅他人的过错,也允许自己在犯错后努力改进、弥补错漏,这样我们才会越活越轻松。当班主任的时间久了,我觉得自己的眼睛里越来越能够揉得进"沙子"了,工作也越来越顺利了。

其次,"别人也捣乱了,你为什么只管我们?"这句话不仅仅会出现在班干部管班时,值班教师管班时也会遇到。比如,前段时间,就有一个班主任给我发消息:"昨天上课时一个学生讲了几次话,我制止他,他却认为我是针对他,事实上当时就只有他在讲话,我和他不可避免地发生了语言冲突,对吼了两节自习课。"

由此可见,上文的班干部比某些老师冷静多了,至少没有和同学对吼两节课。

在这里我要说几句题外话:为什么这个老师要和学生对吼两节课?可能是老师觉得自己的尊严神圣不可侵犯吧!其实,一个人成熟的标志,不是一味地证明自己是对的对方是错的,而是即使在认为自己的观点正确的时候,也会耐心倾听对方的心声。就算学生真的犯了错,与学生对吼两节课的做法也没有任何效果,还挺累人的。

言归正传,学生的学习压力大,午饭后是他们最放松的时候。青春期的孩子忍不住要说、要笑、要动、要跑、要分享,还不喜欢受管束……这些都可以理解。我个人认为没有必要记下名字,因为教室里乱哄哄的,班干部确实不清楚究竟有多少人在讲话,如果只记少数违规者的名字,也确实不公平。

那么,针对这种情况,班主任的正确做法是什么呢?如果我在值班的时候听见某个班级的学生正在吵闹,我推开门后正好看见两个学生在笑闹,我肯定会马上出言制止他们:"别吵了!整个校园里的师生都能听见你们的声音。"学生可能会说:"全班同学都在吵,为什么你只说我?你就是针对我,这不公平!"我会马上点头:"我知道他们都在吵,你们先安静下来,我马上去批评他们。"这样一来,班主任和学生就不用对吼两节课了。

同理,上文中提到学生午休前吵闹,班干部出面制止,学生不服气地说:"别人也说话了,你为什么只管我?"班干部可以说:"我马上就去制止他们,但你必须先安静下来。"

班主任在听说班级存在这种情况后,的确应该召开班会,不过不是讨论"为什么不管别人只管我"的问题,而要给学生讲一讲"布置任务的五遍沟通法"。

在一些企业中,领导给员工布置任务时最少要重复五遍。因为很多时候领导布置一遍任务,员工未必能完全领会领导的意图。每个人的职位不同,要想时刻做到"换位思考",实在是太难了。任务布置五遍,可以让员工更好地领会任务的实质。班主任在管理班级事务时也可以借鉴这种做法。

第一遍:交代清楚任务——"在午休前的半小时自习课上大家一定要保持安静"。

第二遍:要求学生重复——"同学们,老师刚才说了什么?"学生回答:"在午休前的半小时自习课上一定要保持安静!"

第三遍:和学生探讨这个任务的目的——"为什么我要求大家在这段时间里保持安静?"学生回答:"因为快要考试了,'一寸光阴一寸金',我们要抓紧时间复习。"班主任接着问:"要安静到什么程度?"学生回答:"教室里只能有写字和翻书的声音。"这一环节非常重要。当学生知道自己为什么要安静,或者说,当学生知道自己安静的意义后,纪律上的约束就不再难以接受。

第四遍:做应急预案——"如果有的同学控制不住自己,要说、要笑、要闹,怎么办?"学生回答:"班干部可以随时来制止,同桌或邻桌的同学也可以提醒他。"

第五遍:要求学生提出个人意见——"如果你是班主任,会怎样要求学生？如果你是班干部，看见有人上课时说话，你会怎样制止？"

这样，师生间就可以真正做到换位思考，班干部在做班级管理工作时，才不会遭到抗议。

我在带班过程中，经常运用"布置任务的五遍沟通法"，效果非常好。

比如，有一次，学校要统一布置考场，需要学生提前打扫教室，我便说："同学们，我们今天下午第三节课要布置考场，教室里只留30张桌子和30把凳子，桌子之间间隔1米，请同学们把自己所有的书本都带回家，第五组同学把自己的桌椅搬到指定地方。"——这是第一遍，交代清楚事项。

接下来我会问："刚才我说了什么？"

学生重复一遍，那些第一遍没有听清的同学，也能明白了。——这是第二遍，要求学生重复。

我继续问："为什么教室里不可以有书本？为什么桌椅要有固定的间隔？为什么第五组同学要把桌椅搬走？"学生一一回答，加深理解。——这是第三遍，和学生探讨这个任务的目的。

"如果有的同学没有做到，怎么办？"学生回答："安排小组长留下来检查、帮忙。"——这是第四遍，做应急预案。

"如果你是班主任，你会怎样要求？"学生发挥想象力争相回答。——这是第五遍，要求学生提出个人意见。

这个方法是在帮助学生提高组织能力、领导能力和换位思考的能力，学生怎么会不喜欢？

这个世界上的确没有完全的公平，但我们可以尽可能地去追求公平！

12　他说，"学生拉帮结派，还编造、散播有关班干部的谣言"

> 他说："小彤的家庭条件优越，学习成绩中等。他无视纪律委员小鹏的管理，屡次违反班规，与坚持原则的小鹏产生了矛盾。为了报复小鹏，小彤在网络上编造、散播有关小鹏的谣言，并用购买礼物、请客吃饭，甚至威胁的方式拉拢班内同学以排挤、孤立小鹏，导致小鹏在新一届班干部选举中落选。
>
> "李老师，学生拉帮结派，还编造、散播有关班干部的谣言，我该怎么办呢？"

其实，一个班级只要班风正，少数调皮学生的捣乱行为，比如小彤购买礼物、请客吃饭，甚至威胁拉拢同学的行为，便是无效的。所以，我们不妨把注意力集中在班风建设上。营造积极向上的班风需要班主任化身为教练，通过一节节班会课，帮助学生发掘潜力、克服障碍、实现目标。具体可以分三步走。

第一步，开班会，和学生讨论班级的愿景目标。

这需要在班级刚刚成立时进行，如果班级刚成立时没有讨论，出现问题后及时讨论也可以。班会可以采用班主任提问，学生自由回答的形式来进行。

第一个问题：你想要什么样的班级？答案无非是：希望班级团结、积极、公平、公正等。如果担心学生发言不积极，老师可以提前安排班里学习努力、性格活泼、表现积极的学生做准备。比如，告诉他们："下午要开以××为主题的班会，老师希望你们能在班会上积极发言，至于说什么、怎么说，老师相信你们，你们自行准备即可。老师这样安排绝非作假，而是鼓励班级的正面力量发挥带头作用。"就好像是新闻媒体引导社会舆论一样，班主任也需要用正面力量引导班级舆论。这是班风建设最好的方式之一。

第二个问题：你个人想在班级里得到什么？学生的答案大致分为以下几种：拥有良好的学习环境；能得到同学的帮助，交到好朋友；成绩优秀，健康快乐地成长；考上满意的高中或大学等。班主任把答案一一记录下来，以后班里发生类似学生传播谣言事件的时候，班主任就可以问学生："这样的行为对你有什么好处？你是不是觉得朋友们都说，你若不说会显得另类，会失去朋友？如果你想获得朋友，那么除此之外，是否还有别的什么方法？"这是标准的教练式问话，实操效果很好。

第三个问题：要完成这个目标，需要哪些前提条件？学生经过思考和讨论，不难得出结论：完成这个目标需要同学之间相亲相爱，需要师生之间相互信任，需要有严明的纪律，还需要公平公正的班干部。

第四个问题：班级需要怎样的班规？制订班规是一个相互商议的过程，班主任要让学生充分认识到民主讨论的意义，感受到自己在这个集体里的重要性，同时还要让学生明白：只要制订了班规，就必须遵守。班规不仅仅对学生有约束力，对班主任也有一定的约束力，任何人都不得凌驾于班规之上。

第五个问题：如果有同学违纪，班干部该不该管？在学生回答这个问题之前，班主任可以给学生播放幻灯片《天底下三件事》（详细内容见《中职主题班会设计技巧与优秀案例》一书），让学生明白，人的烦恼主要来自三个方面：1. 没有做好自己的事；2. 总想管别人的事；3. 总担心还未发生的事。某个同学因为违纪被批评，就是因为他没有做好自己的事。就算他今天不被批评，明天也会被批评；就算他不被班干部批评，也会被老师批评。若是放任他这样发展下去，他将来也许会做违法犯罪的事，被法律制裁。而班干部记录违纪情况，管理班级卫生、纪律，是班干部在做他该做的事情。经过这样的讨论，学生的观点就会变得相对明晰，他们遇事不会犯糊涂、不讲理。

第六个问题：现在班级里出现拉帮结派、散播同学谣言的情况，这对我们班级愿景的实现有帮助吗？你觉得应该怎么做才能让我们的班风变得更好？可以引导学生围绕绘本《不是我的错》中所讲的内容展开讨论。绘本的主要内容为：

一个学生受了委屈在一旁伤心流泪。老师找其他学生了解情况，别的学生都说："这不关我的事。"有人说："我知道发生了什么事，但是这不是我的错。"有人说："很多人都打了他，虽然我也打了，但我只打了一下而已。"还有人说："不是我先打的，所以不要来问我。"……于是，这个学生就一个人孤零零地在一旁流眼泪，大家也假装什么事情都没有发生，甚至还有人笑话他："男生爱哭羞羞脸！"

讲完这个故事，班主任不妨向学生提问：这件事，真的和其他同学没有关系吗？如果你是这个学生，你会有什么感受？如果班里发生这样的事情，你会怎么做？……这一连串的问题，可以让全班学生认识到：对一个人的不公平，就是对所有人的不公平。因为这种不公平的事随时都可能在我们身上发生，所以维护公平、正义是我们每个人都应该做的事情。看见有同学受了委屈，我们要仗义执言，而不是事不关己高高挂起，甚至落井下石。

班风建设不是通过一节班会课就能实现的，而是要通过师生长期的相互影响来完成。班级里每一次出现值得肯定的举动，班主任都要大张旗鼓地表扬那些做了好事的学生。不要害怕学生骄傲，这其实是在正面强化学生的优秀行为。就算是经常犯错的小彤做了好事，班主任也要表扬，这样才有利于学生的进步。

第二步，做好班干部的培养工作。

我一般会在新班级成立不久，确定好班干部人选后，就开始对他们进行培训，告诉他们具备领导力的人的特质：胸襟开阔、勇敢、有智慧、有责任心。还要告诉他们如何提高领导力，比如，可以借鉴企业管理培训的做法，练习"布置任务的五遍沟通法"。这些训练内容对学生将来的工作也是相当有帮助的。

第三步，私下找小彤谈心。

小彤之所以有请客、送礼、拉拢同学、孤立班干部等一系列行为，那是因为他想借此博得关注，感受自己的价值。在有关班风建设的主题班会召开后，班里大部分学生都能明辨是非，小彤通过请客送礼得到的支持必定会有所减少。当他用以前的方式得不到安全感和价值感时，老师就可以引导他，让他尝试为班级服务，并因此得到关注，受到表扬，收获价值感。比如，可以让小彤主持一些活动——朗诵比赛、演讲比赛、手抄报比赛等。再让他负责策划以"雪崩时，每一片雪花都有责任"为主题的班会，让他去网上搜集那些因为造谣导致悲剧的事件资料，或是因为传播谣言而受到法律制裁的案例。通过查找资料、组织讨论，小彤的感触会更多，收获也会更大。

13 他说，"我知道自主管理制度很好，但学生不配合"

他说："我刚刚参加工作，一直都听说自主管理制度很好，也想在自己的班里试试。

"最近，学校要举行合唱比赛，我组织班里的学生自主商讨确定合唱曲目。我建议选《怒放的生命》这首歌曲，但学生选了一首周杰伦的歌曲。我不同意，因为周杰伦的这首歌曲以说唱为主，旋律不强，合唱的效果肯定不好。学生为了说服我，几个人一起站到讲台上合唱，事实证明合唱的效果确实不好。接下来，学生又说要唱《小苹果》，但我觉得这首歌曲不够铿锵有力。最后，合唱曲目确定下来是《怒放的生命》。这是我和学生自主商讨的结果，可我没想到学生居然不配合，部分学生甚至开始软抵抗，不但不认真排练，连歌词都不抄。

"李老师，我知道自主管理制度很好，但学生不配合，我该怎么做呢？"

在自主管理的过程中，班主任一定要认清自己的任务——放手、陪伴和引领，且这三个关键词要因时因事合理运用。

首先，我们来谈放手。

自主管理强调"自主"，班主任既然选择了自主管理，就应该明白自己需要放手。然而，某些老师由于不相信学生的能力、眼光，或者过于在意活动的效果、比赛的名次，往往会越俎代庖，不免让自主管理流于形式。

比如，提问的这个老师，就属于看似是在对学生进行自主管理，实质上却不肯放手的典型。也许，学生未必觉得自己选择的歌曲好，但在班主任看似民主、实则专制的管理下，他们便一心想要推翻班主任的建议，可能是想证明自己能为自己做主吧。班主任看似民主地询问学生："同学们，你们是选B呢，还是选B？或者选B？什么？你们选择了A？好吧！谢谢你选了B……"此类教育方式和自主管理一点儿关系都没有。

其次，我们来谈陪伴。

其实班主任在学生的自主管理中，做得最多的，就是陪伴。有时候，学生铁了心要走弯路，我们提出了合理的建议，也没能改变他们的想法，怎么办？

我认为班主任既然阻止不了，就干脆不要阻止。对于非原则性问题，我们陪着学生一起走一段弯路，又有何不可？比如，上文提到老师带学生挑选合唱比赛曲目，既然学生一心想唱周杰伦的歌曲，那就满足他们的要求，估计排练几次之后他们就知道旋律不强的歌曲不适合非专业合唱队演唱，自然就会放弃。如果他们接下来选《小苹果》，那就继续陪着他们排练，过段时间如果一直唱不好，他们自己可能就改变主意了，此时老师的建议就能派上用场。哪怕学生坚持唱《小苹果》，最终比赛时没有取得满意的成绩，学生也能得出一个结论——不听老师言，吃亏在眼前。何况，《小苹果》这首歌曲用轻快柔美的声音演唱，再加入一些身体律动，效果也未必就比铿锵有力的歌曲差。如果这也算弯路，那么这种弯路其实值得让学生走。不然，老师强迫学生唱《怒放的生命》，学生却连歌词都不抄，还能指望他们赛出好成绩吗？我经常陪着学生走弯路，陪着陪着，走不了多久，他们就会认识到错误，自觉回到正道上来。教育是慢的艺术，有时需要我们耐心等待。

最后，我们来谈引领。

我曾经观摩过一所名校九年级学生毕业前的主题班会。

班会的第一个环节是"为自己的选择负责"。主持人挑选了五个同学，每人发一个鸡蛋，要求他们用纸把鸡蛋包裹起来，再让班里其他同学选择，猜猜哪个鸡蛋掉在地上不会摔破。于是，在同学们做好选择后，包裹好的鸡蛋被一个个丢到地上。结果当然是有的鸡蛋破了，有的鸡蛋没破。然后，这一环节就此结束。

我不禁纳闷：为什么班主任或主持人不能在最后简单做个总结呢？其实我们的人生就是一个不断选择的过程，你选择了一个没有被包好的鸡蛋，就要面对它将来会被摔破的局面。同学们如果现在选择了刻苦努力、好学上进，就会取得满意的成绩，将来就可能才华横溢、事业有成；如果现在选择了安逸享乐、无所事事，将课余时间全部用来打游戏、玩手机，就会成绩落后，将来就可能事业不顺。我们每一个人都应该为自己的选择负责……这些话并不难想到。如果主持人想不到，那就由班主任说出来也是可以的。

然而，这个环节匆匆结束了。

班会的第二个环节是辩论，辩题为"初三时期沉迷网络的利与弊"。学生的语言表达能力很强，辩论过程精彩纷呈。但是，直到辩论结束，还有一部分学生认为，初三时期沉迷网络是一种放松的方式。

这个时候需要班主任站出来点拨一下：放松的方式有很多，何必非要沉迷网络？唱歌、跑步、打篮球，不也是很好的选择吗？作为初中毕业生，我们还要用沉迷网络的方式来放松吗？……这就如同媒体引导社会舆论一样，班主任一定要在关键时刻正确引导班级舆论。

班会的第三个环节开始时，主持人很煽情地说："同学们同窗三年，朝夕相处，彼此产生了深厚的感情，很多人都有了自己心仪的对象。这是我们初中时期的最后一节班会课，借着这个难得的机会，就请大家大胆地相互表白吧！"

我不禁一愣：他们的班主任就在后面坐着呢！和班主任坐在一起的，还有来自全国各地的几十位班主任。学生敢表白吗？

学生当然不敢。

教室里顿时冷场了，主持人尴尬片刻，慌忙救场，说："××，我知道你心里是有喜欢的人的，你快点儿表白吧！"被点名的学生涨红了脸，扭捏半天，说："我……现在……已经不喜欢她了……"

班会在尴尬的气氛中继续进行，班主任还是没出场。

下课后，很多人拍手叫好，说"这节班会课充分发挥了学生的自主性""学生的素质很高""学生的能力得到了锻炼"等。

我却不敢苟同。

我问班主任："这节班会课是谁设计的？"班主任很自豪地回答说："全部是学生的智慧，自始至终我都没有过问，今天我也是第一次观课。"

我无言以对。

学生的自主发展活动要突出自主性固然不错，但别忘记了老师的引导作用。初中生的"三观"还未发展成熟，如果老师只是一味地放手，不去陪伴、引领，就想让他们自己碰撞出来正确的世界观、人生观、价值观，我看很难！这节班会课虽然看起来热闹，但是目标极为模糊。中学生早恋，影响最不好的就是当众表白，如果表白成功，那么会影响班风；如果表白失败，就可能会让学生产生心理阴影。主持人观念不正，班主任在策划过程中却不闻不问，这是对自主教育的误解，甚至是不负责任的行为。

班主任引领的方式一般有三种。

引领的第一种方式是在上文提到的那节班会课上，班主任水到渠成地做简单的总结，起到画龙点睛的作用。

引领的第二种方式是班主任提出建议，分析利弊，让学生做选择。比如，当班主任带着学生挑选合唱曲目，师生意见不一致的时候，班主任可以说："歌曲有大调式和小调式之分。大调式的歌曲积极、向上，像太阳一样，有一种阳刚之美。比如，《没有共产党就没有新中国》《怒放的生命》等，容易激起演唱者和听众奋发的激情。小调式的歌曲柔美、轻快、沉静，像月亮一样，有一种阴柔之美。比如，《让我们荡起双桨》《小苹果》等，可以让心情平静下来，但演唱时的音量不能太大。我们在合唱阴柔的小调式歌曲时需要做到声音和谐，不能大喊大叫。倘若是在室内舞台上，音响效果好的情况下，小调式歌曲是很容易出彩的；倘若是在露天，没有兼容麦克风时，若是音量太小，声音便难以聚集，评委根本听不到歌声，恐怕难以唱出好的效果。所以，我们挑选歌曲的时候，应当考虑到自己究竟要塑造什么样的歌曲形象，比赛场地如何，甚至要分析评委的喜好，以及此次活动的目的。全面考虑各种因素后，再做选择。"

学生不是不讲道理的人，班主任若把选择各种类型歌曲的利弊仔细分析给学生听，学生对班主任的认可度必将增加几分，也更容易接受班主任的意见。

引领的第三种方式是提问。在面对比较复杂、敏感，且一时难以统一意见的情况时，老师可以通过设计问题的方式来引领。往往只要老师的问题提得好，对学生的引领就成功了一大半。

比如，有一年我带的新生班级中的女生大都非常漂亮，入校不到一个月，就有许多别的班级的男生来追求。我听说这个情况后，带着学生思考了如下几个问题：

1. 你们将来想要找什么样的男朋友？ 2. 咱们学校的男生，有符合你们标准的吗？ 3. 你们认为哪些条件是你们未来的男朋友必不可少的？ 4. 我们怎样才能拥有一技之长呢？ 5. 我们应该具备什么样的能力呢？

最后，大家一起商讨得出结论：首先，要对自己负责，每天都要认真学习，将来才能有一技之长；其次，要有修养，比如，不能在公众场合大叫大闹，不能打架、骂人……

早恋本是一个敏感的话题，如果老师没有一环扣一环的提问，只是单纯地说教，就很容易引起学生的反感。一环扣一环的提问方式，也叫精神助产术，是指通过比喻、启发等手段，用问答的形式，从具体事例出发，逐步深入，层层驳倒错误意见，最后得出结论的方法。作为班主任，我们不应该把自己的观点强加给学生，而是应该帮助学生形成正确的观点。

教师对自主管理思想有了深入的了解后，再在班级推行自主管理制度，学生自然会配合。

第三辑

师生交往——温和而坚定

我们很有必要在与学生的交往中，告诉他们正确地与人沟通的技巧，同时注意身教重于言教，用自己的行动让学生感觉到，真正有益的交往是乐于互助，是彼此成全，正如鲁思·贝本梅尔（Ruth Bebermeyer）的歌曲《获赠》的歌词：

> 你取之于我
>
> 是我得到的最好的礼物
>
> 当你知道我因施与你
>
> 而快乐
>
> 你明白，我的给予不是
>
> 让你欠我的人情
>
> 而是因为我想活出
>
> 对你的爱
>
> 欣然地接受
>
> 或许是最佳的赏赐
>
> 我无法将二者
>
> 分开
>
> 当你施与我
>
> 我给你我的接纳
>
> 当你取之于我
>
> 我感激你的赐予

14 她说，"女生宿舍内的垃圾桶边有小便，却查不出是谁做的"

> 她说："最近几天，我发现我班一个女生宿舍内的垃圾桶边有小便，却查不出是谁做的……
>
> "李老师，如果您在带班过程中遇到类似的情况，您会怎么做？"

看到这位老师的疑问，我的第一反应是：何必要调查呢？何必非要知道事情的真相呢？这件事毋庸置疑，就是这个寝室的某个学生做的。一个女生在垃圾桶边小便，有两种可能：1.为了报复；2.有心理问题。

如果那个女生是为了报复老师和同学而在垃圾桶边小便，那么真相大白之时，就是她仇恨老师和同学最甚之时。那时她不但不会反思自己的错误，反而会对同学的指责、老师的明察秋毫深恶痛绝。如果学生是因为心理问题而在垃圾桶边小便，那么她不是有意为之，因为她无法控制自己的行为。我们若是大张旗鼓地追查真相，反而不利于问题的解决，倒不如私下悄悄调查。

如果我遇到类似的情况，我会把学生集中在一起分析这一现象，但是我不会提及关于报复心理的猜测，而会用同情且担忧的语气说：

"这位同学可能从小卫生习惯不太好，没有人告诉她做一个优雅的女生有多么招人喜欢，我们真的应该同情她。当然，她做出这样的举动也有可能是身体原因，比如梦游之类，她是在不自知的情况下有了这样的行为。如果是这样的原因，我们就更应该同情她。我想起了很久以前看过的一个故事。美国第32任总统富兰克林·德拉诺·罗斯福（Franklin Delano Roosevelt）家中失窃，友人写信安慰他，他回信感谢朋友的关心，并说自己依然很幸福，因为'第一，贼偷去的是我的东西，而没有伤害我的生命；第二，贼只偷去我的部分东西，而不是全部；第三，最值得庆幸的是，做贼的是他，而不是我'。我们在知道寝室里出现了这样的情况时，第一反应应该是——天哪！我应该庆幸，做出这件事情的是她，而不是我。无论是因为行为习惯问题，还是因为身体问题，这位同学做出了这样的事情，说明她处在'无明'的状态，而我们的心里是知道光明的存在的。我们应该同情她、帮助她，而不是谴责她、疏远她……"

如此一来，既可以让犯错的学生知道在垃圾桶边小便是错误的，又给犯错的学生以温暖和理解。倘若是身体问题导致她随处小便，她以后可能还会有类似的行为，终有一天她会被同学发现。到那时，师生在对她表示同情和理解的同时，劝她到医院去治疗即可。倘若是报复性行为或者是习惯的问题，相信通过老师的正确引导，她的行为会有所改善。

两年前，曾经有学生在闲聊时跟我说："老师，我觉得当个好学生太辛苦了。好学生要按时上课、听课、写作业，还要尊敬老师，与同学和睦相处，哪里有坏学生自由？坏学生想旷课就旷课，上课时想睡觉就睡觉，不乐意值日就不值日，抽烟、喝酒、玩游戏，甚至和身边的人闹矛盾了，一言不合想揍谁就揍谁。尤其让我难以接受的是，如果这些常常违纪的学生稍微有一点点进步，老师就会表扬他们，而好学生却要慎独，要内省，要顾及身边人的感受，有时候有苦也只能往肚子里咽。"

我想，有这样想法的学生绝对不在少数吧。

有一位叫玛莉·班尼（Mally Benny）的女孩子曾写信咨询《芝加哥论坛报》的主持人西勒·库斯特（Schiller Kuster），为什么她帮妈妈把烤好的甜饼送到餐桌上，得到的只是一句"好孩子"的夸奖；而她那个什么都不干、只知道捣蛋的弟弟却能得到一个甜饼呢？生活真的是公平的吗？

西勒·库斯特不知道该怎么回答这个问题。后来他在参加一场婚礼时，找到了答案。那天，新娘和新郎在互赠戒指时由于过于激动，阴差阳错地把戒指戴在了对方的右手上。牧师看到这一幕，幽默地提醒他们说："右手已经够完美了，我想你们最好还是用这戒指来装扮你们的左手吧！"

西勒·库斯特恍然大悟：右手本身就已经非常完美了，没有必要把饰物再戴在右手上了。因此，生活令善人成为善人，本身就是对善人的最高奖赏！

我们在和学生交流的时候，不妨把上面的故事讲给他们听，告诉他们：成为一个讲文明、守纪律的好学生，本身就是十几年的生活阅历给我们最好的奖赏。所以，让我们怀着一颗柔软慈悲的心，去同情那些经常违纪犯错的同学吧。

接下来的这段时间，老师只要每天给学生讲一讲如何培养良好的生活习惯就可以了。同时还可以安排寝室长在学校统一关灯前温和地提醒室友注意个人卫生，第二天早上再提醒一次。若一天之内无人再犯，老师就给予表扬、认可。主要是夸奖寝室环境好——关于垃圾桶边有小便的事，过去就过去了，无须再提。

总之，班主任要相信每个学生都是向善、向上的，即便有个别学生违纪，也只是因为他们以前没有得到正确的引导，所以其行为才出现偏差。

同情是教育；提醒是教育；不马上追究，宽容等待，也是教育。

15 他说，"班级出现失窃事件后，怎样才能查到盗窃者"

> 他说："一个学生告诉我，他把新买的手机充电器放在教室的纸箱子里，结果不见了。我在班级群里问了几遍，是谁拿错了，一直无人回应。这个学生说，如果找不到，他就再买一个算了。我担心如果这件事就这么过去了，以后类似事情还会再次发生，但是目前实在没什么好方法破案。
>
> "李老师，班级出现失窃事件后，怎样才能查到盗窃者？请您帮忙出出主意。"

15 年前，我曾经写过一篇如何处理班级失窃事件的文章——《我做"警察"来破案》。带班 20 多年来，我每次遇到班级失窃事件，都能顺利追回学生丢失的财物，且学生不知道谁是盗窃者，因此我总结了很多经验。如今，看见这个老师的疑惑，我却旗帜鲜明地反对老师"破案"。主要原因有两个：1. 时代不同了，学生的经济情况有了变化；2. 近年来，我对教育有了更深的理解，我知道，除了查明真相以外，还有更重要的事情。

我们首先聊聊经济状况和盗窃行为的关系。

2015 年，我到浙江省的某个地级市出差，发现当地的公共卫生间里免费提供洗手液、卫生纸。我对此感慨万千,暗自思忖,倘若我那故乡小城的公共卫生间里也放上免费的卫生纸和洗手液,会发生什么事呢?估计用不了一天,这些东西就会丢失。倘若是在20世纪70年代,江浙一带城市的公共卫生间内放置免费的洗手液和卫生纸,又会出现什么情况?可能也会丢失。七年过去,现在很多地方——包括我的故乡——的公共卫生间里都开始免费提供洗手液和卫生纸。为什么没有丢失?因为老百姓的经济条件变好了,当物资不再匮乏时,盗窃行为自然就会减少。

我第一次破案是在20多年前,当时很多学生的家庭都比较贫困。学生一般都是在开学时带着一学期的生活费来学校。同时,这个年龄的学生大都不善理财,往往在学期尚未结束时,就把生活费花光了。他们原本也不想偷窃,有时实在是饿得没有办法,看到同学抽屉里的钱,就忍不住起了盗窃的念头。当时,如果有一个学生丢钱,而老师没有追究,就可能会有第二个学生丢钱,第三个学生丢钱……在那样的情况下,即便我年轻没经验,也不得不硬着头皮去破案。现在,多数学生的家庭经济状况不错。学生的生活费一般由家长一周给一次,甚至随时都可以通过微信、支付宝转账。偶尔有一个学生囊中羞涩,起了盗窃之心,并有了盗窃之实,那个被偷的学生,也能及时向家长求助,他们不会像20多年前一样,因为被窃而挨饿,又因为挨饿而盗窃。现在,盗窃案在班里不易蔓延。

请相信我们的学生,不到万不得已,他们是不会做盗窃之事的。

班级失窃类事件发生的原因有很多。有的学生是迫不得已——他们的本质不坏,实在是因为太饿太需要钱。有的学生是为了报复——我偷他的东西不是想占有它,而是想让他难受,因为他曾经让我受了委屈。有的学生是有心理问题——有盗窃癖,想通过盗窃来体验畸形的愉悦,事后却很后悔。有的学生则是将错就错——在错拿了别人的东西后本不打算据为己有，但老师在班级群里暗示"别人的东西不可以据为己有"，这无异于将此行为定义为"盗窃"，于是，就算他想还回来，也害怕被人认为是小偷而不敢返还，假偷成了真偷。倘若是迫不得已，我们身为教师应怀着一颗悲悯的心，给这个学生留一点儿尊严。倘若是为了报复，我们就要解决学生受委屈的问题。如果是有盗窃癖，就属于心理疾病，我们要向专业人士求助。倘若是无意中拿错了，我们就不要急着给学生贴上"盗窃"的标签。我们甚至还要反省自己：为什么没有早一点儿发现这个学生陷入了困境？为什么没有及时给他帮助，竟让他做出这样的事？

我们不是警察，是教师。警察是以破案为目的，教师却应该以陪伴学生成长为己任。人在成长的过程中，免不了会犯错。我在读初中时，偷过校园外别人家田地里种的萝卜，被村民发现后，我吓得连滚带爬，最后掉到了水渠里。那位大伯把我拉起来，不仅没有责骂我，反而安慰道："我就吆喝了一声，你跑那么快干什么？不就是一个萝卜吗？你想吃就吃吧。"我为什么跑那么快？因为我知道盗窃是不光彩的。是非对错我都懂，只是我一时没有忍住，就犯了错。

谁敢说自己从小到大没有犯过错？只不过是随着年龄的增长，我们渐渐忘记了自己小时候犯的错。也正因如此，我们更应该陪着这些学生去试错、去选择。

我明白这位老师的担忧：如果不追究，一旦盗窃行为真的在班里蔓延开来，该怎么办？

任何一件事情的发生，都可以成为教育的契机。我建议这位老师开一次班会，将盗窃行为发生的几种原因分析给学生听，同时告诉他们："无论是报复，还是盗窃癖，或者是迫不得已，甚至是人品问题，都值得我们每一个同学同情。我们应该庆幸，这个盗窃的人不是我们自己。"

接下来，老师可以给学生讲一讲《悲惨世界》中的故事。主人公冉·阿让（Jean Valjean）从小失去父母，为帮助孀居的姐姐抚养七个孩子，他整天不停地工作，仍得不到温饱。有一年冬天，因不忍家里的七个孩子挨饿，他不得已砸破了面包店的玻璃，拿了一块面包，于是被指控为盗贼，被判处五年有期徒刑。后来他几次想越狱逃跑，都被捉回。刑罚由五年增加到十九年。他把他给别人造成的损失和别人给他造成的损失进行比较，感觉太不公平了。于是，他变得仇视法律，不再相信任何人，性格也变得凶狠而孤僻，并想对社会进行报复。

换句话说，冉·阿让在迫不得已偷了一块面包后，没有得到人们的同情和理解，而是受到了严厉的惩罚，他的人品也因此变坏了。

冉·阿让出狱后，被很多人排挤，他找不到工作，连住宿的地方都没有。有一天，他到主教家借宿，主教对他很友好，让他睡柔软而干净的床。他看到主教家的六件银器，便产生了邪恶的念头，偷了银器逃跑了。可是，他没跑多远便被警察逮住。他被押着去见主教，出乎他意料的是，主教说，那些被偷的银器是他送给冉·阿让的，他还说冉·阿让忘了把一对银烛台带走。警察走后，主教轻声对冉·阿让说："不要忘记，您拿了这些银子，是为了去做一个诚实人用的。"

冉·阿让离开主教家后，内心很不平静。但他在路上，又抢了一个小孩的钱，并把孩子吓跑了。事后，他感到十分懊恼，在心里暗暗骂自己是个无赖。他想起了主教对他说的话，下定决心洗心革面，立誓做个弃恶从善的好人。

此后，冉·阿让隐姓埋名做了很多有意义的事。后来，他成为某地颇受市民尊重的市长。

换句话说，是主教的宽仁净化了冉·阿让仇视社会的心。

小说很长，故事很精彩，值得学生品读。读这本书，开这样的班会，能让学生明白，每个人心里都有善的琴弦和恶的琴弦。如果我们一起奏响善的琴弦，那么每个人都能生活在光明里。倘若我们对犯错的人一律地排挤、打压，就可能逼迫他们奏响恶的琴弦，不仅会让他们一辈子生活在黑暗里，我们中的一部分人也可能会被他们带入黑暗。

如果觉得只讲这个故事还不够，班主任可以再给学生讲一个故事。

一位禅师披着皎洁的月光回到自己的茅屋，却发现屋内有小偷。找不到任何财物的小偷正要离开，禅师便把自己的外衣脱下递给小偷，说："你走老远的山路来探望我，不能让你空手而归呀！外面凉，你穿着这件衣服走吧！"

小偷伸手接过衣服低着头溜走了。禅师看着小偷的背影消失在山林之中，不禁感慨："可怜的人呀！但愿我能送一轮明月给他。"

第二天一早，禅师在温暖的阳光中醒来，他起身打开门，看到他送给小偷的外衣被整齐地叠好，放在门口。禅师非常高兴，喃喃地说："我终于送了他一轮明月。"

故事讲完，老师可以问这个丢失充电器的同学，是否愿意原谅盗窃者——这个同学在听了老师的分析和所讲的故事后，肯定会选择原谅他。此时，老师则可以拥抱他，祝贺这个同学心里拥有了一轮明月，同时告诉全班学生："每个人在成长中，都会走一些弯路，倘若充电器真的是被我们班同学拿走的，我们也不追究了。我们爱他，我们全班同学都盼望他也能拥有一轮明月，希望他能快乐。"

请相信，养成宽以待人习惯的学生，也会对自己更加宽容。这将是他们从这节班会课得到的最大收获。

16 他说，"班里有几个学生要求换掉我这个班主任"

> 他说："今年我担任高一（6）班的班主任。一个学期结束，评教结果显示，班里有几个学生反映我平时说话太严厉，脸色不好看，要求换掉我这个班主任。但是学校领导不同意。我想让这几个学生转变对我的看法，但是又不知道具体是哪几个学生对我有意见，我该怎么做？"

我非常理解这位年轻教师的苦恼。针对这样的情况，班主任一味地选择压抑自己的伤痛、失落和不满的情绪是不合适的。奥地利心理学家西格蒙德·弗洛伊德（Sigmund Freud）说，所有被压抑的情绪，都会以更加丑陋的面目出现在生活里。如果一个人总是压抑自己的不良情绪，身上便会散发出怨气，说不定会在什么时候爆发。所以，我们既要让自己的情绪流动起来，也要让学生的情绪流动起来。我建议师生敞开心扉聊天。

如果这件事发生在我的班上，我会召开班会，真诚地向学生道歉（事实上，我每次当班主任，都会在和学生第一次见面，以及学期结束时郑重地向他们表示歉意），我会说："同学们，过去的一个学期，我们在一起生活、学习，有欢笑、有泪水、有骄傲、有尴尬，有温情脉脉、有电闪雷鸣。对，我们之间少不了电闪雷鸣，因为老师只是一个平凡的人，在和大家的交往中免不了误会你们、伤害你们。听说，有个别同学想换班主任。但是，学校领导不同意。咱们的日子还得继续过，你们还要考大学呢！所以我们都得反思，我们都需要成长。现在，老师先反思自己的错误，请同学们接受我真诚的道歉。对不起！我的性格有些急躁，说话严厉而不自知，还以为这是为了你们好，而且我总是脸色不太好，也给大家造成了压力，还请大家原谅我。谢谢你们如此真诚地将自己的感受表达出来，让我有了一个反思、成长的机会。以后，我一定会注意自己的说话方式，尊重你们的感受，因为，我真的很希望你们能有一个好前程，希望你们将来都能考上自己满意的大学，我爱你们！"

班主任若是能用最真诚的语气将这一番话说出来，就等于是向学生敞开了心扉，学生肯定会被触动。

大家用过压水井吗？在用压手柄压水之前，我们需要先往井心里倒半盆水，如此才能把水压出来。和学生交往也是如此，如果我们先把自己的位置放低，学生自然会接受我们的道歉，甚至也会向我们道歉。

很多老师可能已经看出来，我道歉的话有固定的句式："对不起……请原谅……谢谢你……我爱你！"无论遇到什么棘手的事情，班主任要想纠正错误，都可以用这样的句式与学生沟通。

这就是《零极限：创造健康、平静与财富的夏威夷疗法》一书中提出的心理疗法。用这四句话来进行有效沟通，的确能让人与人之间的关系变得更加和谐。

比如，2011年我当班主任的时候，班里有一个叫小薇的女生，她的妈妈在她很小的时候就离开了家，后来她的爸爸也因病去世，她的奶奶、大伯给她灌输的思想就是："你的妈妈不要你了！"（对一个孩子而言，伤害性最大的话莫过于"你的妈妈不要你"或者"你的爸爸不管你"，这会让孩子觉得自己不够好，并且怨恨父母。）小薇显然是怨恨妈妈的。在一节语文课上，老师在讲解课文《合欢树》时挑选学生谈谈母爱的伟大，偏巧就挑中了小薇。小薇站起来红着眼睛一言不发，班里同学也频频给老师使眼色，但是老师没有觉察，还以为小薇不愿意配合她，便非常生气地说："你怎么这么没良心，连妈妈都不爱！"全班同学都怒气冲冲地瞪着老师。老师感到莫名其妙，觉得自己平白无故受了一场委屈。

我听说这件事后，第一时间替语文老师真诚地向小薇道歉："对不起！老师不知道你的情况，她备课前没有充分了解学生，请你原谅老师，她一个人教好几个班，很难记住每个学生的家庭情况。而且，我要替这个老师谢谢你，虽然她伤害了你，但你没有当面和她起冲突。以后，我会提醒她，也提醒我自己，避免再犯这样的错误。老师希望你幸福成长，我爱你！"说完，我给了小薇一个大大的拥抱。

其实，这番话如果由语文老师来说，效果会更好。

针对文章开头这位老师提出的问题，我建议他为之前的事情道歉后，还要对学生说："在成长过程中，同学们的行为有时会不可避免地和社会秩序发生冲突。我作为班主任，在一定程度上，扮演了教练的角色，要代表社会秩序对你们提出要求。所以，在未来的日子里，我可能还是会伤害到你们。在这里老师提前向你们道歉，我真的没有恶意，我会努力做到温和而坚定，在严格要求你们的同时，也尊重你们的想法。"

接下来就要解决问题，达到师生共同成长的目的。这个时候，老师切忌贸然让学生给自己提意见。原因有两点：第一，当着老师的面学生往往不敢说真话；第二，学生说话难免会主观，提出来的意见可能会对老师造成更深的伤害。老师若想让师生感情流动起来，自己又不被伤害，最好的方法是运用"一致性沟通原则"和学生沟通。简而言之，就是心里怎么想的就怎么说，不要说反话，因为我们的目的是解决问题。

"一致性沟通原则"也有固定的句式："当……我觉得……我希望……我相信……"

文章开头的这位老师可以在班会上把这个句式教给学生，并且用自己的感受举例说明："当我得知咱们班有五六个同学想换班主任时，我觉得特别难过，内心充满了挫败感，我可能在无意中伤害过某些同学，我知道自己的说话方式真的需要改一改了。我希望这些同学能够原谅我，因为老师和大家一样也在不断成长，我会努力改掉自己的毛病，你们也要多多帮助我。我相信，教学相长，三年的高中生涯，大家都会收获满满。大家对我有什么期望？你们能否也用这个句式告诉我？"

班主任需要对学生强调的是："当……"一定指的是客观条件，不可以胡编乱造；"我觉得……"所表达的感受一定是真实的，不可以说反话；"我希望……"所提出的设想一定是具体的，是对方可以做到的；"我相信……"所表明的想法一定是正向、积极的。

这时候，学生可能会说："老师，当我看到您每天走进教室脸色都不好看时，我觉得特别压抑，害怕自己惹您生气，被您严厉批评。我希望以后有什么事您能开诚布公地跟大家聊一聊，就用这种沟通方式和大家交流，这样可以缓解彼此的压力。我相信，我们以后的学习生活一定会越来越美好……"

这样的沟通，就是走心的。小孩子学说话需要反复练习，学习新的沟通方式也需要时时练习，练习得多了，运用起来就能得心应手。

一旦师生都掌握了理性的、正确的沟通方法，师生之间的矛盾就会越来越少。

17 她说，"两个学生早恋分手后成了仇人"

> 她说："升入高三后，我班里的学生小丽以要集中精力学习迎接高考为由，向已交往一年的小雷提出分手。小雷不愿意接受这个结果，多次想和小丽复合，都被小丽拒绝。冲动之下，小雷编造了很多小丽的谣言并在班里传播，同学们议论纷纷。小丽受此影响，无心学习，也不愿再来学校上课。小丽的家长向我提出要求，要严肃处理小雷，并为小丽恢复名誉。
>
> "李老师，两个学生早恋分手后成了仇人，我该怎么办呢？"

我建议这位老师先不要急着指责小雷，更不要对小丽说"早知今日，何必当初"。事情发展到这一步，只能说明我们教师和家长对学生的爱情教育关注得不够，或者虽然关注了，但教育效果不好。中国自古就有"亡羊而补牢，未为迟也"的说法，但这件事情发生后，却不适合马上召开关于爱情教育的主题班会，这样针对性太强的话题，极有可能对小丽、小雷造成二次伤害，激起他们的逆反心理。

关于学生的爱情教育，还是防患于未然比较好。如果已经发生，我建议班主任私下解决。

也许，很多老师都曾经和学生探讨过如何面对早恋，却很少有人思考过，一旦学生失恋，老师该如何引导他们好好说再见。如何面对失恋或分手，应该是学生绕不开的人生课题。大部分人在分手时，内心都会感到伤痛，这份伤痛往往建立在对对方失望的情绪基础上，就像小雷的伤痛，就是来源于他对小丽的失望情绪，这是需要被看见、被处理的创伤。因此，我建议班主任分别和小丽、小雷谈心，让他们充分表达自己的情绪，班主任一边倾听，一边点头重复他们的感受，在适当的时候拍拍他们的肩膀或手臂，表示安慰和理解。

在学生充分表达完情绪后，班主任可以用如下方式追问小雷：

问：你现在面临的困惑是什么？

答：小丽要和我分手。

问：那你现在的目标是什么？

答：我想和小丽复合。

问：为什么？

答：因为我爱她。

问：那你现在的做法，是在爱她吗？

答：不是。

问：你现在所做的事情，对实现你的目标有什么作用？

答：……

问：怎样做才能有助于实现你的目标？

答：我可以好好学习，提高成绩，考上满意的大学，缩短和小丽的距离……

教师引导学生理性对待问题的句式其实是固定的，我们可以将其运用到很多地方。第一句：你现在面临的困惑是什么？第二句：你现在的目标是什么？第三句：你现在所做的事情，对实现你的目标有什么作用？第四句：怎样做才能有助于实现你的目标？

同理，在小丽充分表达情绪后，班主任也可以和她进行如下交流：

问：你现在面临的困惑是什么？

答：我想和小雷分手，他不同意，还造谣。

问：你现在的目标是什么？

答：我想好好学习，高考时获得优秀的成绩。

问：你现在不上学的行为对实现你的目标有什么作用？怎样做才能有助于实现你的目标？

答：让这件事赶快过去，我才能安心学习。

从上面班主任和学生交谈的方式可以看出，班主任要想赢得学生的认同和配合，在和学生沟通时需牢记四个关键步骤：1. 倾听；2. 重复对方的感受；3. 认同对方的感受；4. 聚焦问题的解决方法。

比如，对于小雷，第一步是充分地倾听。第二步是重复小雷的感受："你明明是想留住小丽，却在做伤害她的事情，你把她越推越远了，这不是你想要的结果，我知道你现在肯定很难过。"第三步是认同小雷的感受："其实，不仅仅是你，很多成年人也犯过这样的错误，我们总是在情绪激动的时候把彼此伤害得遍体鳞伤。"第四步是聚焦问题的解决方法："那么，接下来，我们来想一想应该怎么解决这个问题吧！"

同样的步骤也可以运用于和小丽的交流中。第一步是倾听。第二步是重复小丽的感受："你明明想好好学习，却被小雷的行为弄得连学校都不愿意来，我知道你很伤心，很崩溃。"第三步是认同小丽的感受："这种事发生在谁身上都会很难受。"第四步是聚焦问题的解决方法："我们来想一想接下来应该怎么办吧！"

我曾经给学生开过一次主题班会，当时我送给学生一句话："你爱谁，你恨谁，是你的事，和对方无关；谁爱你，谁恨你，那是别人的事，和你无关。"

这一次，我们可以再次把这句话分别送给小雷和小丽。可以告诉小雷："你爱小丽是你自己的事，你不可以强迫小丽爱你。"同时还要让小丽知道："小雷由爱生恨进而编造谣言，是小雷的事，清者自清，你不必过于介意。"

一段感情结束后，双方若心存怨恨，都会非常痛苦。所以，教师要做的最后一步，是分别引导两个学生化解矛盾，教会学生在分手时如何好好说再见。

放学后，班主任可以找一个安静、安全的地方，让小丽（或小雷）坐下来，做几次深呼吸，放松身体，闭上眼睛，想象着对方的脸说（也可以由老师说一句，学生复述一句）："我们曾经有一段时间在一起，现在结束了。在那段时间里，你给了我很多回忆，谢谢你！我会把美好的记忆保留下来，我用这种方式来表示对你的感谢。在那段时间里，我也为你做了很多事，我也希望你会珍惜。现在，我们已经分手了，我希望你可以回归你的人生轨道，认真学习。我也会好好学习，走向更好的未来。我祝福你，也请你祝福我。"

其实，小雷和小丽若能在学校心理咨询师的引导下，当面对对方说出这番话，效果会更好。不过我感觉这两个学生的情绪比较激动，可能暂时还不适合见面。假如孩子单独面对老师的时候也不愿意说，可以把这段话送给他们，让他们回到家里后找一个安静的地方，全身放松，再一句句地复述，效果也不错。

我曾学习过一门疗愈师课程，这段话是导师指导我们如何疗愈分手的创痛时我学到的。所以，这段话不仅对学生有用，对曾经被伤害过的成年人，也有很好的效果。在一个安静的地方，想象着对方的脸，默默地说出这些话，多说几遍，说不定你会泪流满面。然后，你便会内心轻松，无所挂碍。

最后，班主任可以将席慕蓉的诗歌《无怨的青春》分享给两个学生：

> 在年轻的时候，如果你爱上了一个人，
> 请你，请你一定要温柔地对待他。
> 不管你们相爱的时间有多长或多短，
> 若你们能始终温柔地相待，那么，
> 所有的时刻都将是一种无瑕的美丽。
> 若不得不分离，也要好好地说声再见，
> 也要在心里存着感谢，感谢他给了你一份记忆。
> 长大了以后，你才会知道，在蓦然回首的刹那，
> 没有怨恨的青春才会了无遗憾，
> 如山冈上那轮静静的满月。

当班主任的这些年，我曾无数次将这首诗送给我的学生——当然是在学生没有失恋的时候就送给他们，以防患于未然。事实证明，这首诗歌对学生的影响很大。

对于小丽家长恢复小丽名誉的要求，我建议直接重复上文中让学生和我们合作的步骤，对小雷说："我看到你因为失恋很伤心，我也很心疼你，但我更心疼小丽，小丽的家长因为你编造小丽的谣言而非常生气。他们要求你道歉，你看看这件事咱们怎么解决比较好？"如此，让小雷说出解决办法，并向小丽道歉。相信经历了这件事后，小雷可以养成对自己的行为负责的习惯。

18 他说，"我阻止学生上课睡觉，学生竟对我破口大骂"

他说："我所带的班级学习气氛不浓厚，学生上课时走神、睡觉的情况时有发生。那天下午上课时，我看见一个男生趴在桌子上睡觉，便顺手拿起一个粉笔头丢向他，该男生醒来后勃然大怒，恶狠狠地骂道：'你有病啊！'我难以置信地问：'你是在骂我吗？'他依旧怒气冲冲地回答：'你有病！'

"下课后，我回到办公室，越想越委屈，尽管有很多学生安慰我，但是我依然非常难受。

"李老师，我阻止学生上课睡觉，学生竟对我破口大骂，我该怎么处理这件事呢？"

首先，我必须强调：无论是什么原因，老师向学生扔粉笔头的行为都是不可取的，扔鼠标、扔书本就更不行了。大家可以去网上查一下，老师为了维持课堂纪律向学生扔粉笔头导致学生受伤的案例非常多，有的学生甚至因此伤到了眼角膜，在这种情况下教师是要负法律责任的。

我想起印度哲学家吉杜·克里希那穆提（Jiddu Krishnamurti）说

过的一句话：真正开悟的师者并不把自己当成老师，他了解到，他什么也不比你多，而你什么也不比他少。

这句话是说给我们所有教师听的。从灵魂层面来讲，我们不比学生多拥有什么，学生也不比我们少拥有什么。我们自当给予学生尊重，而不要因为自己是老师，就以师道尊严为由，要求学生事事顺从、处处退让。有的老师在迎接新生的第一天就规定，一旦学生和老师发生矛盾冲突，学生要无条件地向老师认错和道歉。这样的硬性规定，其实是不可能让那些正值青春期的学生服气的。当然，等到师生感情逐渐稳定、深厚了之后，老师可以在开班会的时候，委婉地告诉学生："若老师误会了你，你千万不要急于当场辩解，因为你辩解的目的是想让老师理解你，而你辩解的结果，可能会导致老师越发生气，让局面变得一发不可收拾。不如下课后再找老师解释，倘若真的是老师误解了你，老师肯定会主动向你道歉的。"老师若能这样站在学生的立场上去考虑问题，学生接受起来就会更容易。

同时，我们需要时刻提醒自己：一位老师变得成熟的标志不是一味地证明自己是对的，学生是错的，而是即使在认为自己的想法正确的情况下，也能耐心倾听学生的心声。否则，就算我们的出发点是好的，事情也可能会往不好的方向发展。

其次，我认可《今天怎样"管"学生：西方优秀教师的教育艺术》一书的编译者李茂老师的观点，如果发生了学生辱骂教师的事情，教师一定要认识到，在大多数情况下，学生的无理行为并不是针对教师的，他们的突然爆发，是由他们生活中很多不可控制的因素引发的。对教师来说，最重要的就是保持冷静，保持耐心。

案例中这个老师面对的班级学习氛围不浓厚，班里的一些学生上课时很难集中注意力听讲——也许是因为听不懂，老师又不允许他们说话、逃课，他们便只能睡觉。他们在睡得正香时，如果忽然被一颗粉笔头砸醒，是很容易情绪激动、破口大骂的，但他们骂的不一定是老师。

我又想起《庄子·人间世》中的那则故事："夫爱马者，以筐盛矢，以蜄盛溺。适有蚊虻仆缘，而拊之不时，则缺衔毁首碎胸。意有所至而爱有所亡，可不慎邪！"这句话的意思是：有个爱马的人，用竹筐装马粪，用蛤蜊壳接马尿。当有蚊虻叮在马身上时，爱马的人出其不意地拍打蚊虻，令马受到了惊吓，马咬断勒口、挣脱笼头、毁坏胸带而跑走。本意出于爱而结果却适得其反，这能不谨慎吗！

我们就是那爱马的人哪！用粉笔头砸睡觉的学生，和拍打马身上的蚊虻，何其相似！

我必须承认，我也被学生骂过，还不止一次。在我的朋友圈里，反映此类问题的老师也有很多。

周老师说："对长期在职业学校教学一线工作的女教师来说，被学生气哭应该不是稀罕事。我 2000 年第一次当副班主任时就被气哭过，现在已经记不起来原因了，只记得当时我站在窗户边流泪时，比我还高的女班长上前来抱着我，向我道歉，还让全班同学给我道歉。后来，那个班的学生都和我非常亲近。看来有时候哭也是一种激发学生同理心的策略。"——真诚的关怀和泪水，自然有一种让人感动且被净化的效果。

龚老师说："前几天晚上上课时，教室后面的部分学生又闹成了一片，我假装不懂，微笑着问：'怎么这么热闹？是在欢迎我吗？'学生笑嘻嘻地说：'是。'我接着说：'如果喜欢我，就把目光集中到我这里来。'学生莞尔一笑，大声说：'好！'"——老师的目的是将学生的注意力集中到课堂上来，何必非要气急败坏？

我将文章开头的案例发到微信群中，群内的老师进行了热烈的讨论。针对这位老师的经历，群里老师的声音大致分为四类。

第一类：指责型。比如：她怎么能用粉笔砸学生呢？她的课堂上怎么会有学生睡觉呢？她怎么可以和学生一般见识呢？肯定是她的课堂设计不合理、教学水平不高……

第二类：讨好型。比如：她真的受委屈了，她的心里肯定很难受，我想抱抱她。这是在重复对方的感受，对对方的情绪有很好的安抚作用。但是，无论如何拥抱，都不能提高对方的教育水平。

第三类：理智型。比如，按照某某理论，她应该如何做；问题的根源在哪里，她这是犯了某某毛病……理智型的特点主要是喜欢说教，一些懂一点儿心理学的老师喜欢给人贴标签，动辄说某位学生患了抑郁症、焦虑症、强迫症或多动症，分析的时候更是滔滔不绝、引经据典，自以为找到了问题的根源。其实，很多时候这样的分析是片面的，是武断的，甚至是错误的，是"野蛮分析"，很容易让被安慰的人感觉我们的建议就是"站着说话不腰疼"。

第四类：打岔型。比如，多想想亲朋好友，多想想美好的生活，实在不行出去大吃一顿，这样就不会生气了。这就是打岔，可以让人转移注意力。

讨好型和打岔型对于缓解对方的情绪有一定的帮助，而指责型和理智型对于安抚情绪是无效的。老师们如果想真正提高教育艺术，则必须终身学习，修身养性。

在文章的最后，我想说：我什么也不比你们多，而你们什么也不比我少，我本没有任何资格去评判你们行为的是非对错。所以，我的这篇文章仅是一家之言，供大家参考。

19 他说，"学生被没收手机后，威胁老师要跳楼"

他说："一个学生上课时偷偷玩手机，英语老师发现后当场没收了他的手机并严厉地批评了他，不料他情绪十分激动，立刻坐到窗台上威胁英语老师：'如果你不把手机还给我，我就跳下去！'为了避免出现意外，英语老师只好把手机还给了他。下课后，一些学生立刻围在那个学生身边，对他表示惊奇和佩服。

"李老师，学生被没收手机后，威胁老师要跳楼，作为班主任，我该怎么教育这个学生呢？"

这个学生威胁老师的行为，在教育教学中的影响极坏。为避免学生受到伤害，老师往往会妥协，这样必然会对其他学生造成不良影响，导致学生不辨是非、不遵守规则、不珍惜生命，从而形成错误的信念系统。

什么是信念系统？一个人在面对世界上的种种事物时，都有其态度和处理问题的方式，所依据的原则就是他的信念系统。信念系统可以分为信念、价值和规定条款。简言之，信念就是指"事情应该是怎样的"或者"事情就是这样的"诸如此类的主观判断；价值是对自己能在这件事里获得的好处的价值判断；规定条款则是处理事情的方式，也就是做法。

信念形成的四个途径是：1. 自己亲身经历；2. 观察他人的行为；3. 接受信任的人的引导；4. 自我思考做总结。

上文提到的这个同学的规定条款是"不把手机还给我，我就跳下去"——这也是做法；价值是"老师把手机还给我了"——这是他得到的好处；由此他产生了"威胁有效"的信念——这是他亲身经历得到的结论。班里的一部分学生看到他这样的行为，觉得惊奇和佩服，且接受了这一信念。作为教师，我们要运用后两种方法，引导学生修正这一信念，告诉学生"亲其师，信其道"的观点，同时引导学生进行自我思考。

我建议班主任在此类事情没有发生的时候，就召开主题班会讨论威胁他人以达到自己目的的行为有哪些不当之处。

比如，2018年我带新生班，在和学生见面之前，我就在家长微信群里和家长讨论了学生使用手机的规则，希望得到家长的支持。接下来在开班会时，我对学生特别强调我的原则：不接受威胁。有了这样的明文规定，提前给学生打了预防针，他们便不会轻易威胁老师。

然而，仅仅有班规还不够，还要让学生从信念、价值观层面认识到威胁老师或同学的行为是不对的。于是，在开学后的一节班会课上，我给学生讲述了六年前发生的一件事。那天下着绵绵秋雨，我们学校的一个男生为了追求一个女生，居然不打雨伞站在女生宿舍楼下，逼迫女生下楼，他还声称："如果××不下楼，我就一直站在这里淋雨！"（男生的规定条款）我听说这件事后，对全班女生说："以后如果你遇到这样的男生，千万不要和他谈恋爱。他是在利用女性的善良威胁你，这是自私的表现。（我传递给学生的信念）万一他淋雨感冒了，你还得照顾他。（告诉学生这件事情会导致的结果，即男生能获得的价值）倘若将来你们在一起了，一旦发生分歧，他就会这样威胁你。（分析男生行为的危险性）"

学生听后对威胁的行为都感到无比鄙夷。（学生形成的信念）如此一来，以后学生再有威胁老师的念头，就会思忖一下其他同学的看法了。而那些想要依靠威胁他人追求女生的男生，看到我的话被女生认同，便可能在这样的舆论中改变自己的观念，认识到"威胁无效，且不光彩"。

我还给学生开过一个主题为"三乘八等于二十三"的班会。

班会一开始，我先讲了一个小故事。从前，有两个书生在争论"三乘八究竟等于几"的问题。书生甲说，三乘八等于二十四。书生乙说，三乘八等于二十三，两个人吵得不可开交。最后，他们去找禅师询问答案。书生甲说："我认为三乘八等于二十四，如果三乘八不等于二十四，我愿意向他道歉。"书生乙说："我认为三乘八等于二十三；如果三乘八不等于二十三，我就一头撞死在这里。"说完，两人齐齐看向禅师。禅师捋了一下胡须，眼睛微微睁开，说："三乘八当然等于二十三。"于是，书生甲向书生乙道歉，之后两个人一起下山。但是，书生甲走到半路，觉得不对劲，又跑回去问禅师："三乘八明明等于二十四，您为什么要说三乘八等于二十三呢？"禅师又捋了一下胡须，说："我当然知道三乘八等于二十四。但是你看看书生乙，他为了证明自己是对的都要一头撞死了，我还能说他是错的吗？"

故事讲完，我问学生："在这个故事里，你最想成为谁？"

没有一个人愿意成为书生乙。但是，在现实生活里，像书生乙这样的人有很多。我问学生："你是否遇到过书生乙？当时的情况是怎样的？"

有一个女生说："昨天在走廊上，隔壁班的一个女生踩了我一脚，我疼得龇牙咧嘴，忍不住说，'走路不看路呀'，谁知这个女生非但不道歉，还瞪着眼睛说，'好狗不挡道，我踩的就是你'。"

我问："后来，你是怎么做的呢？"

女生红着脸不作声。与她同桌的男生说："老师，她可不是'书生甲'，她气势汹汹地跑到那个女生的班里非要让人家道歉。"

女生说："她始终没有道歉。我本来打算今天放学后再去找她，现在想想，算了！她说三乘八等于二十三，我就不跟她计较了。谁让我有阳光的心态呢！"班里的学生哈哈大笑起来，我也笑了。

学生因此得出结论：做了错事不丢人，做错事后不承认才丢人。

在班会的最后，我对学生说："其实，老师是人不是神，老师也会犯错。有时候老师说话不好听，甚至会冤枉你们，显然这个时候老师就是'书生乙'。我希望你们能坚信心中的那个正确答案，不要因此有伤害自己的行为，可以吗？"

学生齐声回答："可以！"

针对前文提到的问题，如果学生已经有了威胁老师的言行，班主任就不要马上召开班会了。（避免学生对号入座，深受伤害）班主任应该在第二天，将这个学生叫到办公室，真诚而温和地说："听说你昨天坐在窗台上要跳楼，我好心疼你，英语老师也吓坏了。你当时怎么会有这样的念头呢？万一真的掉下去怎么办？人的生命只有一次呀！虽然英语老师最终选择了让步，但是她并没有错，她只是比较在意你的感受，害怕你受伤。老师和你的父母一样，都非常关心你，请你以后也要爱自己、心疼自己，可不能再如此冲动了！"

在这个敏感时期，真诚是最有力量的教育方式。等过段时间，班主任再在班里召开主题班会，引导班级舆论，帮助学生形成新的信念系统即可。

20 他说，"我打了学生的手心，学生在背后骂我"

他说："上次考试，我班学生的考试成绩不理想，学习态度也不端正，我在课堂上发了火，一气之下打了几个学生的手心以示警告。过了几天，有个学生偷偷地告诉我，自从我打了那几个学生的手心以后，他们在暗地里骂我，骂得很难听。我感到很震惊。平时我和学生的关系挺好的，没想到他们会这样骂我。

"李老师，我打了学生的手心，学生在背后骂我，我该怎么处理这个问题呢？恳请李老师指点迷津！"

为了能与向我求助的这位老师更好地沟通，我便与他取得了联系，得知他姓王。王老师的做法有不妥的地方，他不该打学生的手心。但是，我作为助人者，不能直接对他提出批评，因为直接的批评会导致他一心为自己辩解，而不思索自己的错误。于是，我决定用问答的方式帮他找到自己的错误。

我问："在这件事情上，您觉得自己有做得不好的地方吗？"

王老师（后文简称"王"）："考试前我去参加省里的优质课比赛，请了十多天假，缺了一些课程。"

王老师显然没有明白我的意思，这可能是很多老师都容易进入的误区：我已经尽心尽力了。其实学生也会有这样的认知误区：我的做法没错，是老师非要和我过不去。所以，我们老师先停止责备学生的行为吧，因为他们不会轻易接纳我们的批评。

我继续追问："除此之外还有做得不好的地方吗？"

王老师说："学生默写古诗词反复写错字时，我会打两下他们的手心。"

见王老师没有认识到他的错误，我换了一个问题。

我："您为什么要打他们呢？"

王："我没有用力，就是恨铁不成钢！"

我："挨过打以后，学生的表现如何？"

王："学生好像有怨气。"

我："之后学生还会犯类似的错吗？"

王："每次默写都有出错的，真是太粗心了！"

我："也就是说，您打学生手心的处罚方式其实没有什么效果？"

王："效果不大。"

我："那您为什么还要这样做呢？"

王："就是太生气了。"

这也是我们班主任容易犯的错误：明明知道发火、责骂、打手心这些惩罚手段没用，却在气急之下一用再用。

但是，我不能居高临下地告诉王老师：你应该这样，不应该那样。我依然选择不停地询问，因为询问不仅会使沟通顺畅进行，也常常会激发被问话人的创造力。这样的问话同样适用于师生之间。

我继续启发王老师："学生考试没考好，您有没有想过别的解决办法？"

王老师说："学生的学习态度太散漫了，本来我们班上学期的成绩在同年级的十几个班级中排名前三，但这学期的排名有所下滑。"

我看王老师回答不到关键点上，便再次更换了问话的内容："您是来自哪个地方、哪个学校的？"其实他在一开始就做了自我介绍，我却依然这样发问。

王老师显然有点儿不开心，马上把最开始他发送给我的自我介绍信息复制了过来。我马上道歉："王老师，对不起！我没有留意上面的消息，请您原谅我的粗心大意。而且，我要谢谢您这么信任我，我以后回答班主任朋友的问题时一定会再认真一些，思索得再深入一些，因为我也希望您能工作顺利，希望学生喜欢您。"

王老师马上回答："李老师，没关系的。"

我一看目的达到了，便问："王老师，我刚才向您道歉，您有没有看不起我？"

王老师说："怎么会呢？我是从心底尊敬您的，您道歉后，我更加尊敬您了。"

我笑着说："那我就已经告诉您答案了。您用打手心的方式来惩罚学生是不合适的，也是没用的，您这样惩罚他们，他们会觉得您是为了您的业绩，而不是为了他们的成长。如果学生心里有怨气，就会影响他们的学习。所以，您干脆像我刚才那样，去向学生道歉，他们也许会更加喜欢您。"

王老师疑惑地说："我去向学生道歉？可是那些学生骂我骂得很难听！"

我说："让我教教您怎么道歉，您可以按照这个方法去试一试。"

接着，我编辑了一段话发给王老师："同学们，对不起，我没想到你们对打手心这种惩罚方式这么排斥，我原本以为这是我对你们表达关爱的一种方式，我的本意是想让你们都能取得好成绩，请你们原谅我之前错误的教育方法。换位思考一下，如果我是学生，被老师打手心后肯定也会很生气。虽然你们背后骂我的话很难听，但是你们表面上对我还算尊敬，所以我要谢谢你们。以后我一定会更加认真地备课、上课，以你们能够接受的方式陪伴你们成长。我非常希望你们能进步，也希望你们能考出好成绩。同学们，我爱你们！"

发完上面那段话，我接着对王老师说："这样道歉并不丢人。您说这些话的时候，切记态度要真诚。以后别再打学生的手心了，避免激化师生矛盾。"

王老师说："您说得太好了！下个星期一上班会课时，我就按照您说的方法试试。"

我说："您没发现吗？我发给您的这段话的模式，和我前面跟您道歉时说话的模式是一样的。这是一种心理疗法，其中包含四个关键词'对不起、请原谅、谢谢你、我爱你'。这种方法能够帮助老师及时反思自己的行为，对提高工作水平很有帮助。"

王老师一边答应，一边说："我还需要找那几个骂我的学生单独谈话吗？"

我说："如果您的态度足够真诚，他们可能会主动找您。就算他们不来找您，在您道歉后，这件事也可以翻篇了，今后不用再提。"

当我想建议王老师向学生道歉的时候，我自己先创设了一个情境，主动向王老师道歉，让他感受到向别人道歉的行为并不丢人。在王老师真诚地向学生道歉后，学生必然会反思自己的错误。如此一来，师生之间的关系就会变得和谐。

若教师的观点和行为是正确的，教师可以通过巧妙而温和的语言让学生信服；若教师的观点和行为是错误的，教师要诚恳地向学生认错。教师向学生认错往往会带来意想不到的效果，因为认错要比无谓的争辩更加让人感到快乐。

21　她说，"那个被我安慰过的女生，竟然在背后说我的坏话"

> 她说："我们班有一个女生发微信跟我说，她失恋了，心里很难受。我耐心询问原因后，开导、安慰了她很久。
>
> "一次偶然的机会，我得知这个女生经常在同学面前说我管班太严格，很反感我管理班级的方式等。想到她伤心时我花那么多时间安慰她，我就觉得很委屈。
>
> "李老师，那个被我安慰过的女生，竟然在背后说我的坏话，遇到这样两面三刀的学生，我该怎么办呢？"

这位老师显然是想来我这里找同情、求理解的。但是，我恐怕要让她失望了。对于这件事我与她有不同的看法：仅从她的字面意思来看，我没有感觉到这个学生"两面三刀"，反而感觉这个学生很真诚。学生心里难受，就找老师求助；学生对老师不满意，就直接表达出来。这分明是一个很真实、很单纯的学生，何来"两面三刀"之说？

这位老师的思维逻辑其实是混乱的。学生失恋了，找老师倾诉，是一回事；学生不认可老师的某些做法，对老师有意见，是另一回事。我们不能因为自己曾经关心过学生，就不允许学生对自己有意见，否则就是把我们平时对学生的好，当成了筹码。长此以往，学生甚至会排斥老师的关心，警惕老师的关爱。班主任如果意识不到这一点，就可能使学生受到伤害，也让自己陷入痛苦："我怎么好心没好报呢？"

然而，这位老师显然没有想到这些问题，只觉得自己的做法是正确的，却没有得到应有的回报，还因此自怨自艾。她完全不知道自己的行为，早就让学生心生怨怼。这是一种在"无明"状态下的忧愁——只知愁苦，却不知原因，属于道德自信。

自信是个褒义词，但是如果老师有过高的道德自信，以为自己真理在握，就是极为可怕的一件事。有的老师在和学生交往的过程中，不注意言辞，说出了伤害学生的话。幼儿园或小学阶段的学生听到这些话，尽管会感到愤懑，却因为年纪小不敢反抗，只能把怒气压在心里。时过境迁，他也许会忘记那些事，但那些事给他造成的伤害依然存在。上中学后，随着年龄的增长，他的力量也有所加强，若他再一次被老师的言语或做法激怒，他的怒火就可能一触即发，甚至酿成大祸。这个学生的情绪爆发难道只是因为这件事吗？不，根源可能是他小时候受到的伤害。

曾有一个哈尔滨的老师发短信向我求助，说她的孩子在某重点高中上学，因和同学打闹，被同学打了一拳，正中胃部。孩子跟班主任说，他感觉肚子疼，想让对方家长带自己去看病。岂料班主任问："你的肚子真有那么疼吗？我看你就是人品不好。"接着，又跟打人的学生说："交友要小心！"之后，班主任还在班上对全班学生说："不要跟同学打闹，免得有人受伤后会赖上你。"所幸孩子经检查后无大碍，双方家长沟通得很好，但孩子感到非常委屈，他对班主任说过的话始终耿耿于怀。孩子只是怕受伤了病情加重，只是想看病，没那么多想法，却被扣上一顶"人品不好"的帽子。

班主任怎能如此乱下定义？如果这个学生因此有了偏激的行为，

又是谁造成的？这次他没有采取偏激的行为，然而，他心里的怒气依然在，将来一旦遇到类似事件而闯下大祸，又是谁造成的？

班主任如何脱离这种"无明"的状态？我认为最好的做法是：

1. 告诉自己谁都不拥有绝对真理。只有明白自己不拥有绝对真理，我们才能更加宽容，才能去思考自己的语言和行为是否合适；只有明白自己不拥有绝对真理，精神上才有足够的成长时间与空间，去思考什么事可以做，什么事不可以做。

2. 时刻反思：这件事情，我做对了吗？还有没有更好的处理方法？如果我们能做到"三省吾身"，则可在一定程度上避免道德自信。

寻求进步，先要从认识自己的不足开始！

22 她说，"成绩优秀的学生犯错受罚后竟撒泼打滚"

她说："我是一名小学四年级的班主任。班里有一个叫小江的学生，他的成绩在班里一直名列前茅。前几天，小江在听写英语单词的时候写错了一个字母，英语老师让所有听写出错的学生将错误改正后适当抄写几遍加深印象。小江觉得自己是笔误，便对英语老师说：'我现在重新默写一遍，以证明我会写，如果我写对了，就不抄了，可以吗？'英语老师说：'不可以。'没想到小江听了这句话，竟躺在地上撒泼打滚，还歇斯底里地哭。英语老师感到非常吃惊，因为小江在学校时一直都是很懂事的，之前从来没有这样耍赖过。小江的妈妈知道后，严厉地批评了他，说他这样做不对，还让他去跟英语老师道歉。但是，小江感到非常委屈。

"李老师，成绩优秀的学生犯错受罚后竟撒泼打滚，遇到这类学生，我该怎么办呢？"

这是一个非常典型的成绩优秀的学生受挫折的案例。现实中像小江这样的学生应该有很多。这类学生不能接受的是：我如此优秀，怎么可以被罚抄呢？尽管抄几遍单词根本用不了多长时间，但是他们会感到面子上过不去。

很多时候，越是优秀的孩子，越看重面子，这种情况的确需要我们巧妙地引导。

那么，遇到这样的事情，班主任该怎么办呢？

先要解决学生的情绪问题，和学生充分地共情，然后分析事件，处理问题。大致可以分四步来进行。

第一步是识别学生的情绪。主要句式为"你觉得很委屈是吗？"不要小看这一步，小孩子的情绪一旦被识别，就会有立竿见影的教育效果。比如，孩子打针时号啕大哭，妈妈只要说："哦！宝贝疼了，打针有点儿疼，是吗？"这一句话，就可以让孩子感觉到自己被支持、被理解，还会有安抚的效果。

第二步是和学生的情绪连接。可以直接说出学生的感受："是不是老师罚你抄写单词，你觉得委屈？"学生肯定会点头，如果他的情绪特别激动，班主任可以说："你想哭就哭一会儿吧，我在这里陪着你。等你觉得好一些了，我们再交流。"我们要允许学生发泄情绪，并认同学生的感受："如果这件事情发生在我身上，我也会很难受。"如果一个学生总是表现得很懂事，而内心始终感到委屈，那么这绝非好事。学生有了情绪，就应该让他适当地把情绪发泄出来。

第三步是找出情绪的根源。等学生停止了哭泣，老师或父母便可以询问："老师为什么要让你抄写单词呢？"

答："因为我不小心写错了。"

问："别的同学写错后需要抄写吗？"

答："写错的人都要抄写。"

问："那你为什么要哭呢？"

答："他们要抄写是因为他们不会写，但我是因为粗心大意才写错的。"

问:"如果我生病去买药,拿药的工作人员不小心给我拿错了药,我吃了药后病情加重,药店要不要惩罚这个拿药的员工?"

答:"要惩罚。"

问:"但是,这个员工不是分不清药物,而是因为粗心大意才拿错的呀!"

……………

如此一来,学生就会认真思考自己的错误。老师则可以继续引导他:"班里有的同学写错是因为不会写,所以老师让他们抄写几遍,目的是让他们记住这些单词;而你是因为不小心写错的,老师让你抄写几遍,是让你为自己的粗心大意买单,让你对自己的行为负责。"

这是培养孩子对自己的行为负责的最佳时机。

第四步是转移消极情绪,让学生聚焦问题的解决方法。提出问题,引发学生思考:"那你想想有没有办法可以避免再犯错?"学生可能会说:"那我以后就细心一点儿。"

这其实就是温和而坚定的态度。老师既不惯着学生,又不苛求学生,和学生充分共情,培养他们对自己的行为负责的习惯。

23 她说，"女生被同学孤立后，往同学的卸妆水里兑了84消毒液"

她说："晓燕曾经是我班的班干部，因为管理方法不当，得罪了很多同学。现在班里的女生联合起来孤立她，刚开始是同寝室的同学孤立她，现在大家都不跟她玩了。晓燕非常生气，偷偷往同寝室两个女生的卸妆水里兑了84消毒液。这两个女生晚上洗漱完后觉得脸上很疼，找晓燕询问，晓燕承认了自己的行为。晓燕说，因为这两个女生四处联系，让同学删除她的微信，不让同学和她交往，她实在太生气，所以才有了这样的举动。如今，晓燕已经被她的家长带回家了。

"李老师，女生被同学孤立后，往同学的卸妆水里兑了84消毒液，我该怎么处理这件事呢？"

看到这个案例，我想提醒自己和学生：当身边的人都排斥、孤立某个人的时候，哪怕这个人的本质并不坏，他也很容易仇视社会，产生报复之心。

我们可以分四步来解决这个棘手的问题。

第一步，带两个受伤的女生去医院做检查和治疗，确定皮肤的受损程度，陪同双方家长协商医疗费用的承担问题，建议由晓燕承担。

第二步，让晓燕暂时回家，一来是让时间冲淡她和同学之间的矛盾，二来便于家长对晓燕进行教育。

第三步，趁晓燕不在学校，召开班会，让学生明白，轻视、蔑视、孤立他人，会对他人的心理产生什么样的影响，然后义正辞严地发表演讲。演讲稿可以借鉴以下观点：

人类跑得不如兔子快，力气不如老虎大，也没有鹰的翅膀和狼的牙齿。但是，为什么在面对野兽时人类往往能取胜呢？因为人类会合作。人类战胜老虎、豹子、狮子、豺狼等野兽的秘密，不是弱肉强食，而是合作。合作的前提，是善意。人类能够走到现在，不是靠敌意、攻击、竞争，而是靠互相帮助：我给你尊重，我给你帮助；你也给我尊重，你也给我帮助。我们互相帮助，彼此尊重，便能降低各自的生存成本。

人是群居动物，一个人和伙伴在一起时才有归属感。而孤立一个人，则会让他失去安全感，导致他像一只刺猬一样，见到人就扎。你受伤，他也受伤；你惊恐不安，他也提心吊胆。这便增加了彼此的生存成本。

不是因为我们善良，才去帮助别人；而是因为我们在帮助别人之后，会变得越来越善良。为了让自己生活得更幸福，我们要善良；为了变得更善良，我们要帮助别人。

同学们，你主动帮助过别人吗？你帮的是谁？你是怎么帮他的？是否是以真诚、善意为底色去帮忙的？

2018年冬天，我们班一向性格温顺的女生小琴在帮同学们复印歌曲谱子时多收了同学们的钱。她原本打算将剩余的钱据为己有。换句话说，小琴是以帮忙为幌子，想"贪污"同学们的钱，却被同学们发现了。那天晚上，两个平时很调皮的学生以为同学们出气为由把小琴逼到墙角，指着小琴的鼻子破口大骂。小琴气急之下，张口咬住一个女生的手不放。这个女生被吓坏了，第二天跟我说："老师呀！兔子急了真的会咬人的。"

是呀！兔子急了真的会咬人的。小琴是有错在先，但逼她太甚也不合适；晓燕当班干部时可能由于管理经验不足得罪了别人，但孤立她太甚也不合适。一方面，大家不可以打着"帮人"的幌子做自私的事；另一方面，大家对做错事的人的惩罚也要适可而止。

因为真实的案例就发生在身边，相信这时候老师声情并茂地演讲，会有振聋发聩的作用。

接下来，班主任可以给学生讲述绘本故事《不是我的错》。故事讲述了一个学生受了欺负，老师去调查情况，其他同学都说："不关我的事！我不知道发生了什么。很多人都打他，虽然我也打了，但我只是打了一下而已，他被欺负，或许要怪他自己。"于是，这个学生就在一旁孤零零地流眼泪，同学们还笑话他："男生爱哭，羞羞脸！"

老师可以郑重地问学生："这件事情真的和其他同学没有关系吗？若我们班里发生和绘本里一样的事情，你会怎么做？地震、战争、水灾，到底是谁造成的？你觉得这个世界公平吗？"

进行这一环节的目的是让学生知道：对一个人的不公平，就是对所有人的不公平，因为这种不公平说不定哪一天就会降临在我们自己身上。

第四步，班主任到晓燕家里家访，对她被孤立的处境表示同情和理解，并询问："你现在遇到的困惑是什么？你的目标是什么？你的行为（向同学的卸妆水里兑84消毒液）对达到自己的目标有什么帮助吗？你觉得怎样做才能逐步达到自己的目标？"班主任要通过和晓燕深入地谈心，教会她今后再次遇到类似情况时如何安全地化解负面情绪，同时对她进行普法教育，让她认识到冲动是魔鬼，有时一念之差会触犯法律。

其实，我在读初中的时候，也曾经被全班女生孤立过。有时候，一个学生被孤立，真的不是这个学生的错，而是班里个别比较有威信的学生看这个同学不顺眼，进而号召关系好的同学一起孤立这个同学。而其他比较胆小、内向的同学，因为害怕自己也沦落到被孤立的地步，就不敢和被孤立的学生说话、玩耍。

读小学时，我在班里有很多竞争对手，她们也是我的朋友。在一次语文知识竞赛中，我获得全县第一名。后来，我生病了，五年制的小学，我只上了三年，便直接升入初中，和当年的小学同学在一个班。初一刚开学，原先的小学同学就开始孤立我，不跟我玩。因为他们认为自己是考试进去的，而我是"走后门"进去的。

若一个班的大部分同学都孤立你，剩下那一小部分同学敢跟你玩吗？答案是不敢。因为这个时期学生的一部分安全感来自同伴，他们要保持自己的安全感，只能去孤立那个被多数人孤立的同学。所以，很快我就被全班女生孤立了。

我在被全班女生孤立的时候开始写日记，在日记里倾诉烦恼。我写日记的习惯，就是在那时养成的。同时，我上课认真听课，课余跟着录音机学习朗诵。不到一个学期，我的成绩就进了年级前十名。接下来我开始频繁参加比赛：作文竞赛、朗诵比赛、演讲比赛、歌咏竞赛……在这些比赛中我都获得了优异的成绩。在我用实力证明并没有"走后门"之后，再也没有人孤立我了。

我的成长故事，班主任可以讲给晓燕听。然后，班主任要帮助晓燕制订学习计划，让她先把心思放在学习上。心情不好的时候，可以把写日记当作缓解压力的一种方式。人的精力总是有限的，当我们把时间和精力都用在学习上时，他人对我们的看法也就显得不是那么重要了。相信日久见人心，同学们会逐步改变对晓燕的看法。

24 她说，"班里一名性格很内向的男生抓女生的内衣"

> 她说："李老师，我教小学四年级，最近我发现班里有一名性格很内向的男生多次有意无意地抓女生的内衣，我该怎么办呢？"

近年来，专家学者不断强调对孩子进行性教育的重要性。对于青春期的孩子来说，关于性的话题，并非我们不说他们就不好奇，就不去了解。与其让他们通过非正规渠道去解惑，倒不如让他们在老师、家长的引导下去探索。

记得有一个老师对我说："我的孩子今年9岁，最近迷上了看美国电影，里面有一些男女亲密的镜头，看到这些情节时我们应该怎么办？昨天我陪他一起看美国电影的时候假装不动声色，他也不觉得有什么好害羞的。但是我不知道怎样才是好的解决方法。"

那么，什么方法才是好的解决方法呢？

针对性教育，我认为可以分三个阶段来进行。

第一个阶段，是在孩子三四岁的时候，他们刚开始有了性别意识，但是还处在懵懵懂懂的状态，经常会纳闷"我从哪里来""我为什么和妹妹（弟弟）不一样"等，这时是普及性教育的最佳时机。建议家长或幼儿园老师，和孩子一起阅读相关的绘本。现在关于幼儿性教育的绘本有很多，我认为比较有意思的绘本有《小威向前冲》《我们的身体》《乳房的故事》等。

第二个阶段，学生进入小学后，家长或老师要继续补充性教育。上文提到的内向的孩子抓女生的衣服，应该是因为家庭教育有所缺失，那就需要由小学老师帮其补上。

大约十几年前，我听一个非常优秀的小学男老师分享经验，他在五年级的课堂上，跟学生讨论什么是性骚扰。老师问："握手算不算性骚扰？"一个活泼可爱的女生说："握手不算。"老师非常高兴地说："是的，握手不算。来，咱俩握握手。"女生高高兴兴地把手伸向老师。握手后，女生想把手收回来，老师却握着她的手不放。女生用力抽了抽手，老师还是握着她的手不放。最后，女生快哭了，说："老师，你放开我。"老师这时候才放开她，问道："刚才我握着你的手，你有什么感受？"女生说："挺委屈的……挺难受的……"这位老师面向全班同学，说："请大家记住，所有不能给你带来愉悦感觉的肢体接触，都可能是性骚扰，包括握手。"

这位老师的总结非常到位。爸爸拥抱你一下，给你带来的是温暖，是关爱，当然没有问题。但是，如果有的人即便是跟你握手，也会让你觉得不舒服，那就要小心了。

像这样的讨论，很适合在班里进行。我每次带班，都会要求学生收集整理一些辨别、预防性骚扰，以及自我保护的方法，在班会课上分享。我也会时常给学生写信，讨论这些话题。这样的交流方式非常受学生欢迎，能让学生感觉到老师关心的不只有考试分数。

有一次，我在和一些小学老师交流的过程中，听一个老师说，她班里有一个男生，总是喜欢利用捡橡皮、捡铅笔的机会，摸身边一个女生的脚。女生感到很难受，便将此事告诉了妈妈，妈妈又告诉了老师，希望老师制止这个男生的做法。当老师跟这个男生说的时候，男生一脸懵懂："我喜欢呀！我摸摸怎么了？"在这种情况下老师就很有必要在开班会时告诉学生："诸如此类你喜欢但别人不喜欢的肢体触碰，就是性骚扰。"

第三个阶段，学生上了初中、高中后，老师可以组织学生阅读相关书籍，在阅读的过程中，进一步了解和探索这方面的知识。我曾经和学生共读《追风筝的人》，部分学生开始好奇男生被性侵的案例，之后又进一步谈到罪疚感、补偿心理、救赎等话题，这样的讨论非常深入，且极具教育意义，深受学生欢迎。

最后，我要特别强调的是，对于幼儿园阶段的学生之间的互动，我们没有必要有过激的反应，正确引导即可。

我这里有一个幼儿园老师分享的案例。

一天，一位妈妈回到家里，看见孩子的爷爷气鼓鼓地坐在沙发上不说话，三岁多的女儿小艺坐在小凳子上发呆。看见妈妈回家，小艺也没有像往常一样扑过来，而是怯怯地说："妈妈，我今天犯错误了。"

妈妈问："你犯什么错误了？"

小艺说："今天，我们班的晨晨亲了我一下。"

妈妈问："他亲你哪里了？"

小艺眼泪汪汪地指着自己的脸蛋说："亲了这里……"

原来，小艺在幼儿园有一个玩得很好的朋友叫晨晨。晨晨家中有一个妹妹，当他觉得开心，想表达对妹妹的喜爱的时候，就会亲妹妹的脸颊。那天下午，晨晨和小艺玩得很高兴，晨晨就亲了小艺，恰巧被老师看见了。老师非常生气，觉得晨晨是在耍流氓。而令老师诧异的是，小艺竟然没生气。放学后，爷爷去接小艺，老师就把这件事告诉了爷爷。爷爷听了也很生气，便批评了小艺，三岁多的小艺顿时觉得自己闯了祸。

然而，小艺真的犯错了吗？小孩子在三四岁的时候，性别意识还比较模糊，他们会觉得男孩女孩这样玩闹没什么，反而是家长和老师的过激反应，会给孩子造成压力，让他们认为自己做了错事，影响孩子与同学的正常相处。

那天，妈妈安慰小艺说："没关系的。晨晨是因为喜欢你，把你当成了自己的妹妹，所以才这样亲你。不过，老师和爷爷那样说，也是因为爱你。"看到小艺慢慢露出了笑脸，妈妈才开始给她讲男孩子和女孩子的差别、女孩子如何保护自己等知识。

我为这位妈妈的处理方式点赞！

25 她说，"学生得了考试恐惧症"

> 她说："期中考试后，我组织学生总结考试情况。小A很苦恼：'一考试我的大脑就一片空白，平时会做的题也做不出来了。'小B说：'我一直很努力，一有时间就学习，晚上也学习到很晚，但是成绩仍然上不来。现在，一提到考试，我就紧张。'小C说：'自从升入高三后家里的氛围发生了很大的变化，爸妈连说话、走路都变得小心翼翼，生怕吵到我。我知道他们想让我专心学习，考所好大学，可他们越是这样，我越是学不进去，越是害怕考试。'
>
> "李老师，学生得了考试恐惧症，我该怎么办呢？"

这三位同学所面临的共同问题是学习压力太大，但他们各自的表现却不尽相同。

小A的情况比较复杂，我们稍后再分析。

我们先来看看小B的问题。小B显然是没有找对学习方法，班主任可以利用班会时间，告诉学生艾宾浩斯遗忘曲线和大脑记忆的规律，让小B知道如何复习能让学习效率更高。我们对这个世界的认知，主要是通过内视觉、内听觉和内感觉实现的（即内感官，学术界将之称为"感元")。有的人习惯用内视觉加深记忆,他们对图片、颜色等比较敏感,特别善于利用思维导图记忆知识点;有的人则喜欢大声背诵,通过声音加强记忆,他们就属于内听觉比较敏感的人;还有一些人内感觉更强大,善于通过嗅觉、触觉、味觉来记忆。班主任可以根据小B的特点分析他属于哪种认知类型,以便找到更有效的学习方法。

小C的问题根源,在于家长所给的压力太大。家长将焦虑的情绪传递给了小C。针对这种情况,班主任可以多和家长交流,引导家长和小C正确对待压力,放松身心。

有的学生不知道如何放松身心。班主任可以在班会上教学生放松身心的方法,让学生深深地吸气,握紧拳头,绷紧全身的肌肉,保持几秒后再慢慢呼气并松开拳头,体验全身肌肉一点点放松的感觉。特别注意要让肩膀松弛下来,把注意力放在呼吸上。这样锻炼一段时间,就能让学生掌握一种放松身心的方法。

同时,班主任可以每天抽出1分钟时间,让学生微微闭上眼睛,去聆听周围的风声、雨声、鸟鸣声,以及隔壁班级学生的读书声,等等。接着再去体会将双手放在桌子上或者腿上的感觉,体会脚踏在地面上的感觉。最后,还可以用鼻子闻一闻鲜花、青草的气味……我们要时刻提醒自己:我是自己的主人翁,我全权掌管着自己的身体,我感知眼前的花开日落,我体悟生命的一呼一吸。当我在读书的时候,我知道我正在读书;当我在吃饭的时候,我知道我正在吃饭。如此,能让心变得宁静,身心合一,我们便不会过度劳累和紧张。

接下来我们来聊聊小A的问题。

为什么小A一参加考试,就会头脑一片空白?人类在遇到生存压力时,一般会有三种反应:迎战、逃跑,或者装死。这是由我们的动物脑(有人称其为杏仁核,或大脑边缘系统)决定的。比如,我们在原始森林里行走时忽然遇到一只野兽，我们的反应是：能打得过就打，打不过就跑。如果打不过也跑不掉怎么办？那就装死。这种时候，身体的反应通常表现为手脚发软、头脑发蒙、全身冒冷汗，而且走也走不动，跑也跑不了。这是所有动物遇到危险时都会有的反应。比如，我们一碰西瓜虫，它就会呈现僵死状，缩成一团。其实它没有死，它只是处于僵死状态。在危险解除后，它便又能活动了。

面对竞争压力，人类也会产生类似的反应。比如，我们学校每年都有全员技能竞赛，所有学生都要参加。那些认真复习备赛的学生做出的选择就是迎战，他们会努力在竞赛中取得优秀的成绩；而那些没有好好复习的学生可能会在临近比赛时生病，这是潜意识让他们选择逃避；还有一部分学生虽然认真复习了，但比赛时还是会头脑一片空白，什么也想不起来。小A就属于第三种情况。这种情况可能和她小时候某一次考试时头脑一片空白的经历有关。

设想一下：那次小A状态不好，看到试卷后大脑一片空白，但当时考场的布置、考试的铃声、监考老师的说话声、同学们奋笔疾书的沙沙声等，全部通过小A的感官系统进入她的身体，被身体细胞记录下来。考试结束后，小A恢复了以往的聪慧和机敏，但是那次考试留在她心中的印痕还在。当小A参加下一次考试时，只要他一进入考场，听到考试铃声、监考老师的说话声、同学们奋笔疾书的沙沙声……这些信息和上次的情绪感受便重合在一起了，就好像按了开关一样，他的脑子又一次一片空白。这就叫印痕复演。

生活中这种印痕复演的情况很普遍。比如，有的家长明明知道辅导孩子写作业的时候不可以发脾气，但是，每次他看见孩子磨磨蹭蹭的样子，就气不打一处来，控制不住地大发雷霆。这可能是因为他自己小的时候曾经由于写作业拖拉被这样对待过，这样的经历在他的身体内留有印痕，所以，一旦看到孩子犯了和自己小时候一样的毛病，他就忍不住印痕复演。

应该说，睹物思人、触景生情等都属于印痕复演。

解决小A这种一考试就头脑空白的问题，需要消除他原先不好的印痕，装上一个好的经验掣。具体的做法是：

1. 让小A回忆或想象他某次自信、平静地做题的经验，在那次做题的过程中，小A充分展现了他聪慧、冷静的一面。

2. 老师观察并确定小A已经回想起这次经历后，引导他认真回想当时的心情、感受。

3. 老师让小A用右手紧紧握住左手手腕（也可以是别的不太常用的动作，比如捏住自己无名指的某个关节等），这就是安装经验掣的过程。

4. 打破状态。在小A的良好感受消退之前，老师故意说些别的事情，比如，问小A中午吃了什么，一会儿是否去跑步等，让小A从刚才的感受里抽离出来。

5. 让小A再次想象他充满自信、平静地做题的经历，在感受强烈的时候，再次安装经验掣。

6. 让小A想象不久以后的考试，用刚才的方式启动经验掣，问他是否感受到了自信、平静。

也就是说，小A每次回想起他自信、平静地做题经历时，都要用右手握住左手手腕（必须每次都是握同一个地方，用同样的力度，并在这种状态消失前松手），并认真体验那种感受。这样经验掣就成功装好了。等他下次在考试中感到紧张时，只要用右手去握左手手腕，就会马上进入自信、平静的状态。

如果小A在第六步表现出来的感觉不明显，说明经验掣的力量还不够，可以引导他回忆过去类似的经历，不一定非要是做题的经历，也可以是他在歌唱、演讲等过程中表现出了自信和冷静的一面，然后重复做第二、三、四、五步。这样可以将不同的良好经验的力量添加在这个经验挈上，这种方法在技术上被称为"堆集式经验挈"。

文章看到这里，想必大家已经明白了，为什么很多时候"失败并非成功之母，成功才是成功之母"。因为失败的经历给我们带来的情绪体验通常是糟糕的。一旦装上了糟糕的经验挈，我们以后再面对类似事件就很难成功了。

当然，倘若学生能在专业人士的指导下安装经验挈，效果会更好。

26 他说，"怎样和患有自闭症的学生沟通"

他说："我班里的学生小磊患有自闭症，他很小的时候父母就离异了，他由奶奶带大。小磊入学后，非常依赖我。上周三课外活动时，小磊去找一个学长学唱歌，当时那个学长又叫了几个同学，他们在琴房里打闹被值班老师发现。值班老师要求他们写情况说明交待事情的经过。小磊说他当时一直坐在钢琴边没动，也没看到别人都干了什么。他不愿意写情况说明，并且对我坚持让他写情况说明的行为十分反感，认为我不信任他、冤枉他、逼迫他，还因此闹着要退学。后来，我和班长一起去小磊家，他不见我，我只好离开，让班长去和他谈。现在，班长把小磊劝回来上课了，可是他还是不愿意见我。

"李老师，怎样和患有自闭症的学生沟通呢？"

在教学实践中，这样的案例并不少见。敏感、自卑，同时又有被抛弃创伤的学生，心理上极度缺乏安全感。他们会在潜意识里认为别人是坏的，环境是坏的，整个世界都是坏的。小时候被抛弃的创伤会让他觉得，自己也是坏的，自己不值得被爱。如果他在学校遇到对自己关爱有加的老师，他会一边珍惜这份关爱，一边在潜意识里怀疑："他是好人吗？他真的爱我吗？我真的值得被爱吗？"这番纠结，与其说是在怀疑老师，怀疑外部环境对他的善意，不如说是对自己是否值得被爱表示怀疑。

小磊和同学一起违纪，老师自然要批评小磊和其他违纪的同学。也许小磊真的没有参与打闹。倘若换作一个拥有安全感的学生，他会一五一十地写出自己当时在做什么，并告诉老师当时他真的没有留意别人的行为。就算老师批评他，他也会认为这样的批评是可以理解的。因为这样的孩子心态健康、阳光，有安全感，他认为别人是好的，世界是好的，自己也是好的，自己是值得被爱的。所以，老师和同学对这种孩子的态度，其实是由这个孩子的行为决定的。

但是小磊不同，小磊小时候的遭遇让他觉得周围的人是不可信的，自己的父母离异可能源于自己的不完美。如今，他好不容易遇到一个关心自己的老师，却因为别的同学在琴房打闹，就认为自己违纪。他会悲伤地印证自己以前的观点："我以前的认知是对的。他们并非善意的，老师的爱是假的，他们都是坏的，我也是坏的。"

作为成年人，我们想不通："不就是在琴房打闹被值班老师发现了吗？有什么大不了的，因为这就要退学？就算自己是被冤枉的，又怎么样？人生在世，谁还没有被冤枉过？就因为这一件事，他就抹杀了我平时对他的善意和关爱吗？"

假如我们的定力不够，可能会因为这件事而伤心，进而放弃这个学生，还会导致我们的言行出现种种差错，久而久之，将不复以前的认真和负责。幸亏这位老师的定力足够，他在积极寻求有效的应对方法。

我给他的建议是：

1. 给小磊发信息，告诉他："老师相信你说的都是事实，也一直认为你是一个真诚向善的好学生。同时，我也明白其他同学就算违纪，也都是好学生。"——这样说主要是给小磊吃一颗定心丸，让他明白老师是善意的，就算学生违纪了，在老师心中他们仍然是好学生。谁还没有犯错的时候？改正了就好。

2. 老师可以继续给小磊留言："老师要求所有同学写出事情的经过，你当时在场，所以也不能例外。你只要如实写出当时的情况就行了。如果时光倒流一次，我还是会要求你写的。如果因此伤害了你，老师向你道歉，请你谅解我。你现在还不想见我，没关系，我理解你。我希望你先冷静一下，你想见我的时候，我随时等着你。老师永远爱你、支持你！"老师用这种温和而坚定的态度对待小磊，既不惯着他，又能给他足够的安全感。

3. 接下来是最关键的一步，请小磊信得过的老师或同学去安慰和开导他，引导小磊对自己的情绪进行正确的管理。

引导学生进行情绪管理的具体方法分为四个步骤：识别学生的情绪；和学生的情绪连接；找出情绪的根源；转移消极情绪，让学生聚焦问题的解决方法。

比如，班长是小磊信得过的人，他可以对小磊说："这两天你感觉很委屈，是吗？"（这就是对情绪的识别，一般来说，一个人的情绪只要被识别出来，情绪就可以得到缓解。）

小磊肯定会点头。

班长说："是不是觉得老师冤枉了你？"——班长和小磊的情绪进行连接，也就是共情，要用"是不是……"等封闭式问句开头，复述学生的经历，让学生用"是"或者"不是"等简短的字词答复即可。如果用"为什么"等开放式问句提问，会让学生觉得自己被质疑，他会辩解，这样反而不利于小磊反思自己的错误。

班长说："你想让老师不要误会你吗？"——找到小磊情绪的源

头，帮小磊理清整件事情的头绪。

班长说："你不要闹情绪，想想看有没有别的办法可以解决这个问题？"——转移小磊的消极情绪，帮助小磊聚焦问题的解决方法。

因为老师已经发信息温和而坚定地向小磊表明了立场，表达了歉意，所以小磊的情绪可能有所缓和，他可能会说："我可以好好和老师解释一下。"

大家应该已经发现，帮助学生管理情绪的四步骤的句式是："你委屈（难受、愤怒）了吧……是不是……你想……你不要闹情绪，想想看有没有别的解决方法……"

这样一来，老师既没有放任小磊的任性，又对他表达了无条件的信任，还缓和了他的情绪。小磊会觉得"老师是好的，班长是好的，违反了纪律的同学也是好的，这个世界是好的，我也是好的，我是值得被爱的"。

让小磊通过这件事情得到成长，才是解决问题的重点。

27 她说，"班里有个学生脾气暴躁，还指挥同学打人"

> 她说："我是小学四年级的班主任，班里的小秦打了小王，我问小秦打人的原因，小秦说是小刘让他打的。我很纳闷，小秦平时不听家长的建议，不听老师的要求，怎么就愿意听小刘的指挥呢？小刘是一个脾气暴躁、动辄发火、喜欢打人的学生。听说，小刘身边还有好几个'小弟'，这些'小弟'中不但有不遵守纪律的学生，还有平时不爱惹事的学生。
>
> "李老师，班里有个学生脾气暴躁，还指挥同学打人，我该怎样处理呢？"

这是一个很有价值的话题，也是校园里的常见现象，只是很多老师一开始没有重视，导致学生升入小学高年级或中学后，产生较为严重的"校园霸凌"行为。

其实，每当看到网上出现家暴、行凶等热点新闻时，我总是忍不住想：这些人都曾经是学生啊！他们也都曾在学校读书，他们在校园里可能也是像小刘这样脾气暴躁、善于操控别人的学生吧！同时，他们也曾经对世界充满好奇，天真纯洁如一张白纸。是什么原因让这些人成了霸凌者、施暴者？为什么部分学生不听家长和老师的话，反而心甘情愿接受同学的指挥？我们又该如何防患于未然？

《道德经》第二十七章有言："是以圣人常善救人，故无弃人；常善救物，故无弃物。是谓袭明。"现在，我们就来探讨一下，如何成为一个"常善救人"的教师。

班主任可以在班级里针对"校园霸凌"现象设计一系列的主题班会。

从教20多年来，无论我的班级是否发生以上情况，我都会召开一系列以"霸凌者的救赎与自我救赎"为主题的班会。其中，"认识反社会型人格障碍"的主题班会最受学生欢迎。

"认识反社会型人格障碍"主题班会一共有三个环节：一是初识反社会型人格障碍；二是寻找反社会型人格障碍的根源；三是帮助有反社会型人格障碍倾向的学生规划自己的人生。

一、初识反社会型人格障碍。

召开这类班会的最佳时间，是社会上发生与反社会型人格障碍有关的新闻之后，如家暴、行凶等，老师直接以新闻导入。当学生为这些新闻惊叹不忿时，我便开始适时地普及反社会型人格障碍的知识：有所社会型人格障碍的人通常在儿童或青少年早期或成年后，会出现漠视或侵犯他人、不能遵守法律、做事冲动、易被激怒等典型症状，在人群里所占的比例是4%左右。

学生惊呆了：如果每100个人里，就有4个反社会型人格的人，那么，我们班有50个人，岂不是就有2个人有反社会型人格障碍？

我说：这样计算是不科学的。"物以类聚，人以群分。"有时候一个寝室中有八个人，可能其中有好几个人都有反社会型人格障碍；而咱们班的50个同学中，也可能一个都没有。而且有反社会型人格障碍倾向的人，如果接受了良好的教育，一般不会有极端行为。

不过，现在我们要思索的是：为什么这类人会聚集在一起？这是因为一个孩子上学后，他的世界变大了，他除了要从家庭内获取安全感，还需要从家庭外获取安全感。而家庭外的安全感，主要来自伙伴、偶像和老师……正因如此，有的孩子为了获得安全感，会去主动寻找自己的"圈子"，甚至明明知道对方不好，明明知道对方会欺负别人，却依然会跟在对方身后做"小弟"……

上文中的小秦，就是为了获取安全感，而愿意听小刘的话，去打别的同学的。我们要引导学生明白其中的根源，并判断自己应该接近什么样的"圈子"。

班会上，学生对着新闻报道感慨：这些人看起来就像邻居家的大哥哥、大姐姐，怎么会做出这样的事情呢？我们怎么才能分辨出谁有反社会型人格障碍，并且远离他们呢？

我让学生上网了解反社会型人格障碍的特点，大家很快就分享了相关信息。

美国精神医学学会研究发现，如果一个18岁以上的个体出现以下7个症状中的3项及以上，则在临床上可能被诊断为反社会型人格障碍：

①不能遵守社会规范，多次出现可遭拘捕的行为；

②惯于欺骗和操纵他人；

③易冲动，事先不做计划；

④易被激惹，具有攻击性，重复性斗殴；

⑤毫不顾及自己或他人的安危；

⑥一向不负责任，重复性地不坚持工作；

⑦无懊悔之心，在伤害、虐待他人或偷窃后显得毫不在乎。

然而，这些标准是针对18岁以上的成年人，对我们学生而言，实用性并不强。我便和学生一起总结，这些人在学校里会有什么特点。

1. 没有规则意识，总是违反纪律。学生开始嘻嘻哈哈地笑，有些学生还指着班里某个同学说："说的就是你，你总是迟到、旷课、违反纪律。"那个学生满脸不好意思，知道大家是在开玩笑，也没有生气，只是说："以后不会了，不会了……"

2. 违纪后毫无悔恨、内疚之意。学生说："对对对！有的人欺负了别人还觉得很自豪，没有一点儿愧疚感。"

3. 惯于操纵别人，往往是"小团伙"的核心人物。

4. 极度自恋。有的女生听到这里吐吐舌头说："啊？自恋？"我说："这里的自恋，不是爱照镜子那种自恋，而是唯我独尊，尤其表现在朋友和别人发生矛盾后'帮亲不帮理'。如果你有这样的朋友，就要小心了。若你和别人发生冲突，他会不问缘由，直接上去教训对方。其实他爱的根本不是你，他爱的是他自己，因为他自恋嘛，他没有正确的是非观！今天他可以为了你打别人，明天他若和你发生矛盾，也可能为了自己而伤害你。所以，我们要远离这样的人。2022年6月10日'唐山烧烤店打人案'中，第二个殴打受害者的男人就是这样的人。"

5. 容易被激惹，多数人文化层次偏低。一般情况下，一个人受教育的程度越高，犯罪的可能性就越低。

经过这样的讨论，学生对反社会型人格障碍便有了一定的认识，以后自然会慎重交友；而有反社会型人格障碍倾向的学生，也会引起自我警惕，甚至私下找老师求助。

二、寻找反社会型人格障碍的根源。

反社会型人格障碍的成因有很多，我们在这里只从精神分析的角度来谈。

心理学中有一元关系、二元关系、三元关系的概念。一元关系的阶段，主要是婴儿从出生到6个月之间，他们处于共生期，觉得自己和妈妈是一体的，甚至觉得自己和世界都是一体的。渴了，有人喂水；饿了，有人喂奶……这就是"全能型自恋"。有这种倾向的人觉得自己是"神"，念头一转，外部世界就会按照自己的意愿给予回应；如果外部世界不按自己的意愿运转，"神"就会变成"魔"，这便是"自恋性暴怒"……这类人只能感受到自己的意志，而不能意识到别人和自己是同样平等而独立的存在。

婴儿6个月到3岁期间，进入二元关系阶段。这时候他们突然发现，原来自己和妈妈不是一体的。他们开始学着说"不"，以此捍卫自己的独立性。他们会觉得自己有两个妈妈，一个是有求必应的好妈妈，另一个是不能满足自己要求的坏妈妈；如果妈妈的好多于坏，这个孩子便有了一个"稳定的内在客体"，我们将之称为"心中住下一个爱的人"，这对孩子的成长是非常有利的。

而三元关系阶段，是孩子3岁到6岁的时期，他们充分意识到，除了"我"和"你"（妈妈），还有"他"（爸爸）的存在。这是一切复杂关系的源头。如果爸爸能够给予孩子足够的宽容和关爱，并能拉着孩子的小手走向外界，孩子就能学会处理复杂人际关系的正确方式，学会在竞争中合作，长大后他们便不会成为霸凌者和施暴者。

遗憾的是，有的人只是生理年龄增长了，身体长大了，而心灵依然处于婴儿状态。

比如，"唐山烧烤店打人案"中，第一个施暴的男人在骚扰陌生女孩子遭到反抗后，便一巴掌打过去，完全不考虑别人的感受，他甚至认为：谁让这个女孩子不肯顺从妥协呢？这个男人就是典型地活在一元关系阶段里的人，他只看得到自己的意志，不会站在别人的立场上考虑问题。

现实生活中，只要事情没有按照自己的意愿发展，有的学生就会暴怒，这也是"自恋型暴怒"，不过可能还没有发展到反社会型人格障碍的程度。

奥地利精神病学家阿尔弗雷德·阿德勒（Alfred Adler）在《自卑与超越》一书中说：当一个妈妈很温柔地将孩子抱起来，她其实就是在用这种方式教会孩子如何与他人合作。倘若家长没有给予孩子足够好的照顾，或者溺爱孩子，就会导致孩子一直处在一元关系阶段，动辄发生自恋性暴怒，甚至发展为反社会型人格障碍。

三、帮助有反社会型人格障碍倾向的学生规划自己的人生。

无论我们愿不愿意接纳，有反社会型人格障碍的人都存在于社会上，且有一定的比例。无论我们承不承认，少数学生的内心真的是住着一个"恶魔"，我们需要正视他们的问题。

精神分析理论认为，自恋、力比多和攻击性，是人类所有心理和行为背后的三种动力（也有人增加了第四种动力——"关系"）。

在英国著名的儿童心理学大师唐纳德·温尼科特（D.W.Winnicott）看来，攻击性等同于活力或动力。在好的环境中，儿童的攻击性得以整合，变为以竞争获胜的方式来释放自己的攻击性。比如，某个学生考试得了第一名，某个老师参赛得了三等奖，他们是通过这样的方式释放了自己的攻击性。而在坏的、剥夺性环境中，攻击性就会变成破坏性，并以反社会的方式呈现。

或者说，在坏的、剥夺性环境中，攻击性或者向外变成了破坏，或者向内（用羞耻感、罪疚感等做自我攻击），就变成了抑郁。

所以，我们要尽可能给孩子营造良好的成长环境，引导他们用适当的方式释放自己的攻击性。

在这个环节中，老师可以让学生进行自我评估，以帮助学生做到"见善而学，见恶自察"。

我们也可以给学生一些建议，比如，在校期间，多参加体育锻炼，练习搏击操、打篮球、踢足球等，体育锻炼可以有效地释放学生的攻击性。尤其是打保龄球——推翻摆放整齐的保龄球，可以让有反社会型人格障碍倾向的人充分感受到自己的力量，有效释放他们的攻击性。

　　霸凌者的内心是自卑的，正因为自卑，他们才想通过拉帮结派、欺凌弱小来获得优越感。然而，这种方式显然是错误的。阿尔弗雷德·阿德勒认为，一个人超越自卑的唯一途径，是将自己的价值和社会的价值结合起来。所以，我们可以在平等尊重的基础上，帮助这类学生认真分析自身的性格特点，帮他们规划自己的职业生涯。我们可以建议他们好好学习，将来成为警察、医生、运动员……用自己的努力来获得真正的成就感。

　　无论如何，有反社会型人格障碍倾向的学生，也是社会中的一员。总得有人去当他们的老师，总得有人去擦星星，我们不用抱怨，不要嫌弃，只需敞开心胸，将目光放长远，将思维打开……所谓的因材施教，就是陪伴学生找到最适合他们的发展方向。

28 她说，
"班里一个男生抽烟，部分学生有样学样，其他学生包庇他们"

> 她说："刚开学时，我的班里有一个男生抽烟，两周后，部分学生有样学样，甚至连一个女生也开始抽烟。我在班里强调了很多次，都没有什么效果，甚至在我调查此事的时候，其他学生还包庇他们。
>
> "李老师，我该怎么处理这个棘手的问题呢？"

这个案例让我想起2018年发生在我们班的一件事。

那天，宿管老师发现205寝室有大量烟头，经过一番询问，205寝室的同学承认寝室里有人抽烟，但是纷纷选择保护这个同学，希望她能继续留在学校。学校对抽烟、打架、夜不归宿的同学的处罚是开除，或留校察看。

针对这个事件，我采取了四步走的方法。

第一步，尊重学生的选择。

第二步，向政教处领导汇报，并根据校规，给205宿舍集体记过处分，也是让这个寝室的学生为自己的选择负责。其实，学校在处理学生问题的时候，总是将板子高高举起，再轻轻落下。学校不会轻易开除学生，但必须让学生明白学校有这样的规矩。

第三步，将这一事件的处理情况和学校的规定在家长群里告知家长,声明这些处分是要记录在案的。如果今后这些学生再有其他违纪行为,就要被留校察看甚至开除。同时,我告诉家长:"在寝室里抽烟是非常恶劣的,可能会导致寝室里别的同学也学着抽烟,这对她们的身体和将来找工作都会有很坏的影响。学校严肃处理学生的抽烟行为,是为了学生的身体健康,也是为了班级有良好的学习氛围。请家长配合老师,帮助学生改掉类似的违纪行为。"

家长群里马上有家长响应:"收到。这种事一定不能姑息,不然孩子以后到了社会上不知道会成为什么样子。"

不久之后,学生也知道了此事,205寝室的几个学生慌了,有人跟我道歉:"老师,我错了,我现在改正,可以吗?"她们就是不想为自己的选择负责。

对此,我没有正面回应。

第四步,召开班会。在班会上我没有提及抽烟的问题,只是让学生说出自己不得不做的事情有哪些。

学生纷纷回答说:"我不得不睡觉,不得不吃饭,不得不上厕所,不得不值日,不得不写作业,不得不上学,等等。"

接着我又问:"说到这些不得不做的事情时,你们有什么感受?"

学生纷纷表示,他们感到无奈、烦躁和气愤。

我说:"如果你不做这些事情,会怎样呢?"

学生说:"不睡觉就会困死,不吃饭就会饿死,不上厕所就会憋死,不值日就会被同学骂,不写作业不上学将来就找不到好工作……"学生的回答很有意思。

我说:"所以,这些所谓的不得不做的事情,其实都是我们自己的选择,而且是我们目前最好的选择。"

学生纷纷点头。

我说:"那么,现在请大家把'不得不'换成'我选择',再来说一说刚才的话。"

学生说:"我选择按时睡觉,我选择按时吃饭,我选择认真写作业,我选择好好听课,我选择……"

我问:"当你们在说'我选择'的时候,心里有什么感觉?"

学生说:"我感到自信、喜悦,充满了力量!"

我说:"所以,我们内心的想法是一切事物的根源——这就是负责任的真正含义,为你自己的选择负责。"

学生再次纷纷点头。

我这时候才进入正题,严肃地说:"这次,我在205寝室发现了烟头,很明显,这个寝室有人抽烟。但是,在我调查的时候,同学们纷纷选择要给这个犯错的同学一个继续上学的机会。那么,205寝室的同学将集体接受处分,并且记录在案,这些同学还要写下保证书,由家长签字,以后若是再次违纪,就要直接被留校察看或开除。"

全班同学鸦雀无声。抽烟嫌疑最大的学生,这时已经脸色苍白。她自己大概也没有想到,她的行为竟会让室友付出这样的代价。我估计,205寝室的学生中,已经有人后悔了。

我接着说:"抽烟的同学选择了违纪,而她的室友选择了给这个同学一次机会,我们要为这些同学讲义气的行为点赞。同时,这些同学也必须承担这次选择的后果,大家也不用再埋怨任何人了。人的烦恼主要来自两点:1.做了选择,却不愿意为自己的选择负责;2.明知道那是一个错误的选择,却还要一而再,再而三地犯错。我多么希望你们能成为有责任心的人,以后尽量不要再做错误的选择。"

下课后,205寝室的学生纷纷围上来问我:"老师,如果我们从此不再违纪,毕业的时候能不能把处分撤销?"

我说:"最关键的是看你们的表现,同时我也会去努力争取,因为学校管理学生的目的不是要给谁处分,而是想让大家都能进步。你们也不要去埋怨那个抽烟的学生，因为，抽烟是她的选择，而保护她，是你们自己的选择。"

我相信：经历了此事，那个抽烟的同学由于压力巨大，会主动戒烟，而她的室友，也会一起监督她不要再抽烟。

29 她说，"一个 *13* 岁学生的人生理想是当乞丐"

> 她说："我的一个学生13岁，他说他的人生理想是当乞丐，因为当乞丐不用每天上学、上班，还有人给他钱。李老师，遇到这样的学生，我该怎么教育他呢？"

其实，这样的事情我也遇到过。

2016年11月6日，郑州迎来了这年冬天的第一场雪。那天寒风刺骨，地面又湿又滑，班里三分之一的学生都迟到了。我问他们迟到的原因，学生振振有词："这么冷的天，迟到很正常。"

我说："但是，老师们都没有迟到！老师们的家离学校也很远呢！老师们能做到不迟到，你们就做不到吗？"

学生小声嘀咕："你们是大人。"

我说："你们马上也是大人了。你们现在这么贪图安逸，将来怎么可能有好的发展前景？"

有的学生神色中充满了不服气："我们也没想将来要有多大的出息，安安稳稳、有吃有喝就行了。"

学生这样的回答让我无话可说。

转眼到了2016年11月11日，那天的天气非常好，可是仍然有

149

一部分学生不但没做早操，连早读都迟到了，还一个个蓬头垢面。我询问原因的时候，有的学生一边笑一边轻松地说："早上起不来，因为昨天晚上在网上抢购东西，睡得太晚了……"还有的学生理直气壮地说："刚才在教室外吃早餐，所以迟到了。"

看着他们嬉皮笑脸的样子，我简直气不打一处来。身为学生，他们不仅上学迟到，还一副理直气壮、无所谓的样子，这种嘻嘻哈哈的态度，让我不禁勃然大怒："你们牺牲学习和休息时间，熬夜网购商品，这是主次不分……"

我的话还没说完，一些学生马上显露出对我鄙夷和不屑的神色，小声说："我们本来就是穷人，学习也不好，将来不可能有多大出息。"甚至有人说："我们难道非要和你们老师一样起早贪黑？你们每天这么累，一个月才赚多少钱？我们不用老师管！"

我被呛得无话可说，突然想起之前在微信朋友圈里看到过一段"乞丐进餐厅就餐"的视频，我便将这个视频播放给学生看。

拍摄这个视频的作者，显然是想告诫大家，不要看不起乞丐、流浪汉，不要有等级观念，大家都是平等的。但是，我看了视频后，思索的角度却不一样。

视频中有一个女顾客不愿意让乞丐和自己同桌吃饭，直接对他说："请你到别的地方吃饭。"然后又对老板说："我们这里是高档的地方，不应该让他出现在这里。"别的顾客却在为乞丐说话，觉得这个女顾客的行为很过分，有一个男青年甚至花钱请乞丐吃比萨，还说："你想吃什么尽管点，我为你买单。"

另一个场景，是餐厅老板对乞丐说："本店不接待衣衫不整的人。"而旁边的一个姑娘却说："他只是没钱，他自己也不想这么贫穷。"店主想解释，姑娘直接打断店主的话："你要是再这样，我就打电话叫警察了。"

视频的最后重复播放着顾客说乞丐是他的朋友，他会为朋友买单的话，还加了一句旁白：这才是我们社会需要的温度吧……

看完视频，我让学生自由发言。

学生纷纷发言说："人与人之间是平等的关系，我们不应该歧视乞丐。"

我问学生："如果你去餐厅，你的对面坐着一个乞丐，你会怎么做？"

学生说："我也许会感到不舒服，不过也不能赶他走。大家都是来吃饭的，应该享受平等的待遇。"

我问："如果这个乞丐对着你打喷嚏、咳嗽，而且他身上的味道很难闻，你怎么办呢？"

学生皱眉说："那我就不吃饭，直接离开。"

我继续问："如果这个乞丐天天到这家店里来，你会怎么做？"

学生不假思索地回答："那我就不来这家店吃饭了！"

我说："你看，就因为这家店里总有乞丐，导致你都不来这家店吃饭了。如果你是这家店的老板，你发现乞丐的到来可能会影响店里的生意，你会怎么做？"

学生说："我会把他请到一个专门的角落里，让他吃饭。"

"但是，你们应该知道现在房租的费用有多高，如果店里没有多余的位子，该怎么办呢？"我追问。

学生沉默了。

我说："每天早早起床，将自己收拾干净，既是对自己的尊重，也是对别人的尊重。如果不这样做，你就有可能被别人嫌弃。"

学生还是默不作声，我继续问："如果这个乞丐是你的弟弟，你会怎么做？"

学生说："那我就先让他洗澡。"

我请一个学生站起来，说："现在由我来扮演这个乞丐，你是我姐姐，现在你正在请我吃饭。"

学生说："弟弟，吃完饭去洗澡，换一身干净衣服吧！"

我模仿弟弟的语气说："姐，你怎么那么多事！如果我洗漱干净了，就要不到钱了，当乞丐就要有乞丐的模样。"

学生说："那就不要当乞丐嘛！我陪你找工作。"

我不耐烦地说："我没有文化，也没有一技之长，肯定找不到工作的。"

学生着急了，说："去餐馆里帮别人洗碗，或是当保安也行啊！"

我不屑地说："洗碗、当保安才挣多少钱？我不干！而且，不能迟到，不能请假，不能熬夜逛淘宝……"

学生听了都在下面偷笑。

我继续说："姐，你好不容易请我吃一次饭，再给我加一份五香牛肉吧！"

学生怒其不争地说："我的钱也不是大风吹来的，你爱吃不吃！"

我笑着说："姐，你看你每天这么辛苦，不还是没钱吗？我可不愿意像你这样，我就想当乞丐。我当乞丐一个月挣的钱可能比你的还多呢。"

其他学生不笑了，都生气地说："真是扶不上墙的烂泥，不用理他了，就让他饿着算了！"

我说："孔子曾说，'邦有道，贫且贱焉，耻也；邦无道，富且贵焉，耻也'。意思是说，在国家政治清明时，自己却很贫困，就要自找原因了，自己不努力是很耻辱的。在国家政治混浊时，自己富有且位高权重，也要反省自己，如果是依靠不正当手段谋取的利益，也是可耻的。在日军侵略中国的时候，好多大文豪、教授的生活都很穷困，但他们誓死不投降。当时飞黄腾达的，很多是卖国贼。但是，现在我们国泰民安,你要是再这么穷困潦倒,可能就是自己的问题了。更何况,我们可以穷,但不可以没有尊严。定期洗头、洗澡总是可以做到的吧,这既是对自己的尊重,也是对别人的尊重。这不是贫穷不贫穷、平等不平等的问题。"

学生纷纷点头。

我继续说:"我们同情乞丐,给他一笔钱,让他去做一些小生意,但是他说他不想做生意,因为有风险;我们给他介绍工作,一个月挣一两千,但是他也不干,还说太辛苦,不如当乞丐舒服。你们说有没有这样的人?"

学生说:"有!混日子的人。"

我说:"昨天,我看了一篇文章,标题是《有的人,你怎么扶他最后还是贫》。作者是一个扶贫干部,想要帮扶两户人家脱贫,但是当地生活环境闭塞,受帮扶人家的受教育程度很低,同时村民们还有嗜酒、赌博的恶习。政府给他们一些钱,让他们去投资,结果他们都拿去买酒喝了。

"作者问他们为什么不出去找工作,他们只是笑着说,'不想出去,懒得去工作'。

"作者又问他们需不需要帮忙,他们还是笑着说,'不想麻烦政府太多,就是逢年过节给我们一些喝酒的钱就行,如果不好直接给钱,那么直接买几瓶酒拿过来就行'。作者告诉他们不能再这样过下去了,这样对孩子未来的生活非常不利,他们却说,'我家的事你别管,我家的孩子也不用你操心,我们过得好着呢'。之后作者再打电话,他们几乎都不接电话了。"

停顿了几秒钟,我接着说:"我不是让大家失去同情心。遇到有困难的人,我们还是应该帮助他们。因为帮助他们,也是帮助我们自己。但是在这个国泰民安的时代,你若放弃努力,甘愿当一个乞丐,那就是你的错。你若衣衫不整、肮脏不堪，就要做好被别人嫌弃的心理准备。"

听完我的话，学生低头沉默不语。自此，再也没有人得意扬扬地说"我就是要当一个乞丐"了。

30 她说，"分属两个不同'粉丝圈'的学生常常闹矛盾"

> 她说："班内很多学生与隔壁班的学生因为喜欢不同的偶像明星，组成了各自的'粉丝圈'，他们疯狂迷恋自己崇拜的明星，甚至连吃的、穿的、用的都模仿他们，还组织了几次线上线下的追星活动。因为这两个明星存在竞争关系，所以这两个班的'粉丝圈'出现了矛盾，在网络上互相诋毁，在线下也出现了多次言语冲突，严重影响了两个班级的关系。
>
> "李老师，分属两个不同'粉丝圈'的学生常常闹矛盾，我该怎么办呢？"

我们先来聊聊偶像的作用。

阿尔弗雷德·阿德勒在《自卑与超越》一书中说，孩子的每一个行为，都是为了寻求安全感和价值感。什么是安全感？安全感来自孩子对已知世界的掌控。一个孩子最根本的安全感，是父母在其7岁之前给的。这个时期，父母的陪伴非常重要，如果一个孩子能在父母的陪伴下认识到：今天吃了饭，明天还有饭吃；今天穿了衣服，明天还有衣服穿；无论我犯了多大的错，爸爸妈妈都会爱我；即使我在外闯荡弄得头破血流，也有一个温暖的家可以接纳我。这个孩子就会认为：

身边的人是好的,这个世界都是好的,所以我是安全的。当孩子长到七岁,上了小学,他的世界就变大了。这个小小的孩童要去闯荡世界,过自己的人生,打自己的天下,他的所见所闻,不再局限于有限的家庭。他需要一个情绪支援网,这个情绪支援网分为家庭内和家庭外两种。家庭内的情绪支援网主要由父母和家人组成,包括兄弟姐妹、叔叔舅舅等人;家庭外的情绪支援网,主要由伙伴、老师和偶像组成。

偶像是孩子七岁后情绪支援网的重要组成部分。当他受伤、难过、遇到挫折时,他除了需要亲人、朋友的支持,还需要一个有力量的偶像为他做榜样。在"简快身心积极疗法"中,有一种"借力法",说的是:一个自信心不足的人,可以在想象中去向另一个人借力。这里提到的"另一个人",往往就是这个信心不足的人的偶像。孩子在这个时期多看名人传记,更容易找到自己的偶像,获得力量。

所以,一个孩子有自己的偶像其实未必是坏事。如果这个偶像积极阳光,努力学习和工作,则是非常难得的。

接下来,我们来思考一个问题:为什么一个班的很多学生,都会成为某一个明星的粉丝?

这就要继续从情绪支援网的建立来分析:我们发现,从小在家庭里获得了足够安全感的孩子,在平时的生活和学习中不容易跟风,也不容易拉帮结派;那些缺乏安全感的孩子(多数是留守儿童或是单亲家庭的孩子,他们家庭内的情绪支援网没有建立起来),虽然明明知道拉帮结派的行为不好,却依然会跟在别人身边,他们这样做其实是为了获得来自同伴的安全感。

如果一个班里多数学生都是某个明星的粉丝,其余那些缺乏安全感的学生,还会去喜欢别的明星吗?他们不会,因为他们要和大多数同学待在同一个圈子才能获得足够的安全感!同时,这里还存在一个"文化遮蔽性"的现象。人类的大脑其实并没有我们想象中的那么理性。当我们开始有思想的时候，大脑就已经出现了文化遮蔽性。樊登老师在讲《思辨与立场：生活中无处不在的批判性思维工具》一书的时候，谈到文化遮蔽性现象，他举了一个很好的例子。他说，他出生在陕西，很自然地认为陕西的面条最好吃。后来，他上大学时遇到一个来自四川的同学，这位同学说他们四川的面条最好吃。樊登老师既惊讶又生气："你难道尝不出味道吗？陕西的面条这么好吃你都吃不出来？"他们是某个地方的人，就会自然地认为对这个地方好的事情就是正确的。这就是文化的遮蔽性。

因此，同一个班里的学生有了共同的偶像，他们便会认为自己喜欢的偶像是最好的。

针对这种情况，班主任可以做些什么呢？

首先，班主任可以将《思辨与立场：生活中无处不在的批判性思维工具》这本书介绍给学生，并引导学生理解文化的遮蔽性和安全感的来源、本质。学生若能学会运用批判性思维来看待问题，他们追星的时候就会理智一些，至少不会因此而仇视喜欢其他偶像的学生。世界上的很多现象，如果能够被正确地识别，再被冠以名称，问题就会迎刃而解，这就是识别的功效。如果学生认识到"我这种想法属于文化的遮蔽性"，那么，他们便会理智很多。

其次，班主任可以和学生聊聊如何成为一个优秀的粉丝。每次接手新的班级，我都会和学生聊自己的偶像。我会告诉他们："最低层次的追星，是模仿偶像的吃穿用度，这样学到的是偶像的'表'，而不是'里'，这种粉丝属于不合格的粉丝；中等层次的追星，会了解偶像的兴趣爱好、成长经历，能够明确知道这个偶像的过人之处，学习他们的优点；最高层次的追星，是有朝一日能让偶像因为拥有自己这样的粉丝而骄傲。同学们不妨想一想，自己是否具有值得让偶像因自己的存在而骄傲的地方？"

我还会和学生分享自己追星的心路历程。从小到大，我的偶像一直在变。目前我的偶像之一是杨绛先生。她在 100 岁时还在坚持写作。我希望自己 90 岁的时候，写的文章还能被年轻人喜欢。这需要我不停地学习、思索。否则，长江后浪推前浪，我若落后于人，谁还会喜欢看我写的文章？我的另一个偶像是叶嘉莹先生。她将自己的一生献给了诗词研究事业，在 87 岁时还坚持站着给学生上课。她说，这是她对讲台、对诗词的敬畏。现在的我，每次走进教室、登上讲台时，都会告诉自己，要像叶嘉莹先生一样，对讲台、对学生、对所教的课程充满敬畏。我希望自己 80 岁时还能登台讲课，并被学生喜欢。

从 2020 年至今，我们不时会因为防疫需要而进行居家隔离。每次居家隔离时，我都会问自己：杨绛先生、叶嘉莹先生若是处在这样的环境，她们会做什么事？估计是读书、思考吧！于是，我每天一睁眼就去阅读、思考、锻炼身体，让身体保持健康，让心灵保持宁静。不抱怨，不哀叹，只希望长成一棵树，一半洒落阴凉，一半沐浴阳光。

所谓身教重于言教是也！

最后，班主任可以组织本班学生和另一个班的学生共同举办一次活动，让学生各自去搜索自己偶像的故事（突出其敬业精神和抗挫折能力），以"谈谈我的偶像"或"我们要向偶像学习什么"为主题写一篇作文。之后，邀请语文老师和部分家长做评委，评出表现优异的同学，再将两个班的同学集中在一起，挑选表达能力强的学生进行演讲比赛。最后由两个班主任做总结，告诉学生："没有哪两个人是完全相同的，如果我们能学会接纳不同的事物，我们的人生就会更加精彩。"同时两个班级还可以约定，学期末从学习成绩、上课纪律、竞赛成绩等方面进行比拼，看看哪个偶像的粉丝团更优秀，并设置团体奖和个人奖，由家长代表为获奖学生颁奖。

31 她说，"我对学生有求必应，专家却不认可我的做法"

她说："我的班里有一个男生名叫小强。刚开始军训不久，小强就说'受不了了'，他想退却，后来在我的安慰、鼓励下，他坚持了下来。这一次挑战胜利，让小强非常自豪。军训结束后，小强积极报名申请加入学校仪仗队。然而，一周后他就开始叫苦叫累，自作主张退出了仪仗队。之后他想加入演讲社团。为了让小强得到全面的锻炼，我说服社团老师让他加入了演讲社团。然而，不到两周，小强说学演讲没有意思，又自作主张退出了演讲社团。随后，他说想参加学校的网络设计竞赛集训队。虽然我既生气，又无奈，但是为了满足小强的愿望，我还是帮助他加入了网络设计竞赛集训队。这一次，小强的学习态度很好，最终在省级比赛中获得了一等奖的好成绩。

"李老师，我对学生有求必应，专家却不认可我的做法，您觉得我哪里做得不够好呢？"

这位老师是将这个案例当作成功的经验来介绍的，但是为什么专家并不肯定他的做法呢？

其实，我们只用做一个 60 分的班主任，足矣！

这里所说的"60 分的班主任"的概念，源自儿童心理学大师唐纳德·温尼科特提出的育儿理论：Good enough mother。翻译成中文是"60 分的妈妈"。意思是说：不及格的妈妈对于孩子的需求不闻不问，没有给予足够的关注，不利于孩子的健康成长；90 分甚至 100 分的完美妈妈对孩子有求必应，照顾得过于周到，也不利于孩子的健康成长。做一个 60 分的妈妈，足矣。

同理，作为班主任，我们当然不能对学生不闻不问、漠不关心，这是不及格的班主任；同时，我们也不必对学生有求必应、呵护备至，不必过于迎合学生的需求，100 分的班主任对学生的成长也是不利的。

这位老师对学生充满了爱心、耐心，虽然小强最终在网络设计竞赛中获得了一等奖，但其实并非圆满的结局。因为我们只看到了老师在学生遇到困难后一马当先、冲锋陷阵，却看不见小强的主动努力。这种教育不是爱的教育，而是本能的教育。

所谓爱的教育，是首先满足学生的安全感和价值感。而本能的教育，则是首先满足我们自己的安全感和价值感，忽视或漠视学生的安全感和价值感。

第一，班主任在陪伴小强选择社团的时候，对小强虽有充分的尊重，却没有恰当的引领。判断一个学生究竟要如何发展，需要从他的兴趣、性格、能力、职业价值取向、学习成绩及行为习惯等多方面考虑和分析。班主任应该据此给出建议，再让学生慎重选择，同时告诉学生：我建议，你选择；你选择，你负责；你负责，你面对；你面对，我陪伴。班主任的第一步是引导，中间几步体现了对学生足够的尊重，最后一步是陪伴。班主任并非无情，而学生也并非无助。这才是李希贵校长所说的"试错"。即班主任在做好引导（即建议）的前提下，陪着学生去试错，积极面对他们选择的结果。小强一开始对参加仪仗队有兴趣，之后对提高演讲能力有兴趣，最后又对网络设计有兴趣……在这期间，我们看到班主任只有支持，而并无引导和建议。小强对社团的选择其实是盲目的，幸好他最终找到了自己真正的兴趣点，倘若他一直盲目寻找，难道班主任还要一而再，再而三地无条件支持他吗？时光如梭，又有多少青春岁月供他去试错呢？

第二，100分的班主任，就像100分的妈妈一样，难以让孩子的人格得到足够的完善和成长。在《自卑与超越》一书中，作者阿尔弗雷德·阿德勒指出一个孩子在成长期容易自卑的三个原因是：1. 身体缺陷；2. 过分宠爱；3. 过分忽略。身体缺陷暂且不谈。过分宠爱，指的就是100分的妈妈或老师的呵护；而过分忽略，指的就是不及格的妈妈或老师的行为。

那么，为什么过分宠爱孩子的100分的妈妈或老师容易导致孩子自卑呢？

我们举例说明：一个孩子刚刚学会走路，他想拿到沙发上的玩具，他可以通过很多种方法达到自己的目的，但是，最简单的方法有两种。第一，他刚一表达需要，妈妈就把玩具拿给他。因为妈妈非常关心他，知道他的任何需求，100分的妈妈常常能急孩子之所急，想孩子之所想。第二，妈妈没有发现他的想法，或者发现了也不主动帮他，只是鼓励他自己去拿，他便跌跌撞撞、连滚带爬地过去，把玩具拿到手中。这一刻，他很开心，因为他挑战了自己。也就是说，当妈妈把玩具给孩子后，孩子会产生一个念头："哇！妈妈真棒！"当孩子自己通过努力拿到玩具后，他产生的念头则是："哇！我好棒！"这时候，他的自我效能感就产生了，他的价值感也有了，他就拥有了自信。

同理，当小强难以坚持军训时，老师的安慰和鼓励其实是给了他无条件的爱，让小强感觉到自己是能够获得支持的，自己是值得被爱的。此时老师的这个做法非常好！军训结束后，当他想参加仪仗队的时候，老师支持他，让他自己去申请，这也没问题。当他又想参加演讲社团的时候，老师却直接去帮他说服社团老师，达到目的后，他会得出一个结论：老师真棒，老师对我真好！于是，当他想参加网络设计竞赛集训队的时候，又一次请求老师帮忙，老师再次帮了他，他便再次感慨："老师真棒，老师对我真好……"

这样的老师是100分的完美老师，获得了学生的好评。但是小强本人的成长呢？他的自我效能感呢？他的价值感呢？他的自信呢？……这些难以用分数衡量的宝贵品格，却一直没有得到增强。这一系列经历，会让小强得出一个结论：以后遇到麻烦事，只能求比自己强的人帮助自己，而自己是没有能力做这些事的。所以，就算他在专业技能大赛中获得了一等奖，他依然不相信自己能独立处理一些麻烦事。

这也是我提出"做一个60分的班主任"这一理念的缘故：如果牺牲了学生的成长，而仅仅满足了我们自己的心理需求，这其实并不是教育的初心。所以，陶行知曾说，你替孩子做得越多，越是害孩子。因为，经验被你拿走了，你的能力得到了提高，却培养出了不会为自己的选择负责的自卑的孩子。

小强之所以愿意一次次地向老师求助，其实是因为老师在小强军训的时候，给了他足够的安全感。这是一个非常好的开端。倘若老师能在这种情况下时刻关注着他，引导着他，放手鼓励他去做事——哪怕是暗地里提供帮助后再让他通过自己的努力去争取，去试错，让他充分体验价值感，愿意为自己的选择负责，这便是爱的教育了。

32　他说，
　　"我们有权利放弃某个学生吗"

> 　　他说："我班里有一个学生就像刺儿头，我只要一管他，他就和我对着干。他说他很喜欢初中的班主任，因为无论他做什么事，那个班主任都不管他，现在刚升入高中，我就开始用条条框框约束他，比如，不能染发，不能纹身，不能抽烟……他觉得我是在有意针对他。其实刚开始，我还是想感化他的。看到他有了一点儿进步，我会立刻夸奖他，也会在班级群和家长群里表扬他。但后来他犯错的频率越来越高，他的家长也不配合。按照学校的规章制度，他理应接受处分，但校长的意见是慢慢感化他。别的学生看他这么嚣张，却并未受罚，原本表现好的学生会对学校失望，而本身表现不太好的学生也会有样学样。
> 　　"李老师，我们有权利放弃某个学生吗？"

　　我非常理解这位老师的烦恼，因为我们班也有这样的学生，他叫小亮。

　　小亮是我们班成立一个月后从外班转过来的，也许是因为他入班晚，我总感觉他无法融入班级。小亮的情商很高，智商也不低，乐感尤其好。他拥有这么好的天赋，做事却没有规则意识，总是迟到、早退、旷课，说不来学校就不来学校。我联系他的家长询问小亮旷课的原因，家长只是说孩子生病了，不舒服。我说，如果小亮生病了，家长要提前替他请假，否则就算旷课。

但是小亮依然经常不来学校，也不请假。在小亮又一次旷课后，我给他的家长打电话："您好！小亮下午又没来上课，他说他去打针了。"家长回复："抱歉，老师！我问问情况。"我说："根据学校的规定，学生不来学校上课，必须由家长请假，否则学生一旦在校外发生了什么意外，学校承担不了责任。所以下次请您替他请假，否则我会按照旷课处理。旷课达到一定次数，他是会被劝退的。"家长回答："好的。"

结果，第二天，小亮又一次旷课了，我再次和他的家长联系，强调了校规的严肃性。这次小亮的家长很不客气地说："老师，您每次打电话都让小亮退学，是不是不太合适？您是对小亮有偏见吗？小亮身上的毛病是很多，但他目前还是个学生，有错可以让他改，而不是动不动就让他退学。我相信您班上也没有十全十美的学生，难道每个学生犯了错都要退学？咱们教师的教学理念也绝对不应是这样。我在积极配合老师的工作，如果老师还是坚持让小亮退学，我会维护孩子上学的权利。"

我当时也有点儿生气，回复他说："您有空的时候可以来学校了解一下情况。我是担心他在校外出事，才跟您联系，学校有规定，旷课达到一定次数的学生会被劝退。我不希望流失学生，但他旷课的次数太多了，而且总是先斩后奏，第二天您才帮他补发请假短信，万一他当天出了什么事，您又没来得及补假，怎么办？现在，我想向您解释一下。第一，我从来没有想过要让小亮退学，我只是说学校有这样的规定。第二，每次小亮犯错都是我主动和您沟通，您很忙，经常不接电话，我便只有给您发短信，去年我也曾提出要求，希望您来学校了解情况，您却一次也没有来过。第三，任何一个学校都有校规，学生必须遵守，我们学校也不例外。小亮一而再，再而三地违纪，其实我一直没有上报学校，如果上报了，他早就被劝退了。但是一味地包庇其实是纵容小亮继续犯错，对他的成长极为不利。第四，有学科教师反映，他经常在课堂上说话，影响了别的同学学习，这对别的同学是不公平的。第五，我支持您依法维护自己的权益，同时，我也会依法保护我自己。"

这类沟通短信，我都保存着。对这类家长来说，一旦学生出事，班主任会是第一个被指责为不负责任的人。到那时，我们若拿不出证明自己的证据，怎么办？

遇到此类学生，我们需要有如下五种思想认识。

一、留下工作痕迹，学会保护自己。

我们要从两个方面来保护自己：一方面，要提高自己与人沟通的能力，提高教学能力和思想境界；另一方面，要为自己曾经做过的工作留下痕迹。

短信交流是一种很不错的保留证据的方法。同时，像我这样坚持记录班级日记的方式也非常好。如果实在没有时间写日记，就记录一下某年某月某日几点，曾经跟某位学生家长联系，主要内容是什么。

一天，我们班的同学参加经典诗词朗诵，小亮和少数学生没有参加，我说他们可以去当观众，也可以在教室里上自习课。结果，小亮既不在教室里，也不在会场。晚上，我发微信问小亮在哪里，他说他在教室里，我说我没有看到他，他却在微信里发誓说自己在教室里，似乎我让他受了天大的委屈。如果不是有全班同学作证，恐怕我都要怀疑是我冤枉了他。如遇此类事件，一旦出事，又找不到证据，谁会相信我们？我们能不详细记录当时的情况吗？

二、火大无湿柴，相信多数学生有判断力。

为了避免此类学生对班级其他学生造成不良影响，我们需要花一番心思。

有时候，我会送给学生一些朗朗上口的句子。比如，我们学校承接了普通话考试和校园戏曲比赛，需要征集学生志愿者。我在开动员会的时候说："公司可不会养懒人，也不会养闲人。你现在的每一分付出，都是在为未来积累工作经验和能力。"果然，学生报名很积极。一次朗诵比赛结束，需要几名学生去归还租赁的演出服，确定人选的时候，我笑着说："公司不养懒人和闲人哦。"我这样说，学生会觉得被老师要求遵守纪律，或者被老师要求付出，都是为了自己能有一个美好的未来，也就不会跟违纪的学生攀比了。

若全班同学都认可了老师的观点，少数违纪的学生也就造不成太大的影响。这就是"火大无湿柴"的道理，这也是班风建设的重要内容。在我的正面引导下，小亮的言行在班里很难得到同学的认可。

三、别把自己太当回事，我们做不了"拯救者"。

并不是所有的学生都能被教育好，如果我们想要拯救全世界，那么我们注定会焦虑、失望，继而会产生受害者心理，觉得自己受了委屈，觉得世界待自己不公平，于是情绪变坏，说不定还会转为迫害者角色。

心理教育专家严虎老师曾告诫心理咨询师，不要总想着你一定要去帮助别人，一定要去帮助孩子。你的学生需要你的帮助吗？他们又需要你提供怎样的帮助？若学生不需要你的帮助，你却非要去帮助他，你其实是在缓解自己内心的焦虑，说不定会越帮越忙，好心办坏事。

四、不要期望学生会感恩你的付出。

要求学生遵守学校纪律：不迟到、不旷课、不早退，关心学生的身心健康，为学生排忧解难……这都是班主任分内的事情，是我们应该承担的责任，谈不上什么帮助不帮助。班主任切莫一边付出，一边希望学生对自己的付出表示感恩。我们不需要任何人感恩，也不必苛求自己一切都要按照职业道德的最高标准去做，尽心尽职，足矣！

我们尽自己最大的努力去规范学生的言行，如果他们愿意接受，我们也不必沾沾自喜，那只是他们在家庭、社会、班级等环境的影响下，内心向上向善的种子发芽了，他们的进步未必都是班主任的功劳；如果学生不接受，我们不用过于内疚，那只是他们心中向上向善的种子还在等待发芽的时机，我们耐心等待即可。

五、总得有人去擦亮星星。

校长主张慢慢感化那个学生，其实是可以理解的。作为老师，我们没有权利放弃任何学生。总得有人去擦亮星星，那个人就是我们，让我们为自己点赞！

第四辑

家校合作——诚心换舒心

家校合作，目的是共赢共育。教师和家长的任务，都是陪伴学生健康快乐地成长。因此，遇到学生问题，我们教师要学会换位思考，正如美国心理治疗师和家庭治疗师维吉尼亚·萨提亚在《与人接触》中说：

> 我相信
> 别人能给我最好的礼物
> 就是看见我，聆听我，明白我，和触动我的心
> 我能够送出去的最好礼物
> 就是去看，去听，去了解，及触动别人的心
> 如果我们都做得到
> 我便会感到
> 我们真正地连接着

33 他说，
"学生不写作业还撒谎，家长却认为是因为老师能力不足管不了学生"

> 他说："我是一名高中老师，班里有个女生总是不交作业，询问其原因，她每次给我的理由都不一样。她父亲经常给我打电话询问女儿的情况，还一直强调自己的孩子特别聪明，只是不喜欢学习，需要老师多督促……其实我已经费了很大的心力，但是她的父亲总是觉得我的能力不够，管不了他的孩子……
>
> "李老师，学生不写作业还撒谎，家长却认为是因为老师能力不足管不了学生，遇到这样的家长，怎样沟通才有效果呢？"

的确，在有些家长的眼里，自己的孩子永远都是聪明、可爱、懂事的，哪怕有些坏习惯，也能通过老师的教育纠正过来。一旦老师对孩子的教育没有达到家长的心理预期，这些家长就会质疑老师的能力，从而给老师带来很大的压力。针对这种情况，班主任该怎么办？

我认为，老师若想获得家长的支持和理解，需要遵循两个原则：1.利他主义；2.真正的专业。

老师和家长交流的第一个原则是"利他主义"，所谓"利他主义"，就是老师要时时刻刻站在有利于家长和学生的立场上考虑问题。

曾经有一个老师对我说，他的班级里发生了盗窃事件，他得知后迅速展开调查，找到了盗窃者——王同学，王同学当时也承认了自己的盗窃行为。但是，事后老师向家长反映此事时，家长却一口否认。第二天，王同学竟然也不承认了。这位老师气愤不已，觉得自己分明是在帮家长教育孩子，家长怎么不领情，还教孩子出尔反尔呢？

王同学为什么会出尔反尔？这是因为，老师和家长的目的不一样。这位老师的目的是迅速查出真相、解决问题，而家长却要考虑孩子今后的成长，尤其是孩子的名声问题。也许，这位家长在家里会对孩子的盗窃行为进行严厉的批评，但是在外面，他却会要求孩子拒不承认。如果老师能考虑家长的感受，处理问题时尽可能做到"利他"，而不是"杀一儆百"；如果老师在调查真相的过程中，注意保护孩子的名声，只是把失窃的钱追回来，不让其他学生知道盗窃者是谁，同时私下将此事告知家长，家长也许会配合老师的工作，主动对自己的孩子进行批评教育。

在教育的过程中，有的时候真相并不是最重要的。我们须知真相之外，还有一种结果，叫圆满。

老师和家长交流的第二个原则是"真正的专业"，也就是让家长明白老师拥有他们所不知道的、更智慧的解决办法。如果老师教育学生时说的话，处理问题的方法，是家长都知道、都能做到的，家长又怎么会认可老师的专业性呢？

老师如何在学生家长面前体现真正的专业性呢？我主要运用三种方式：线上讲座、线下活动和私下指导。

先来谈谈线上讲座。曾有人说，现在的家长对微信群非常反感，那是因为老师在微信群里发布的内容，要么是布置任务，要么是批评、表扬某个学生或某种行为，这些内容专业性不强，所以才得不到家长的认可。假如我们通过线上讲座，告诉家长一些他们以前不知道的内容，比如，自恋型暴怒、一元世界、二元世界、三元世界的概念；比如，不同年龄的孩子该如何教育；比如，家长在和孩子沟通的过程中容易犯的错误；等等，家长们怎么可能不喜欢听呢？

开展线上讲座有一些注意事项：要提前写好稿子，提前分好段落，用语音发送（微信群内每条语音不能超过一分钟，所以每一段的内容都要提前划分好，方便家长收听和理解）；要提前热场，保证家长的参会率；讲完后，还要把文字稿发到群里，便于家长们复习。我之所以建议班主任用发送微信语音的方式开展讲座，而不用视频软件，是因为有的家长工作繁忙，老师发微信语音便于家长下班回到家后一边做家务一边听。有的家长不方便收听语音，便可以先看群内的文字稿；有的家长不会运用视频软件，所以在微信群里参会更加方便……这样一来，家长们会觉得老师为他们考虑得很周到——这也是"利他主义"的体现。

在线下活动方面，我也有过尝试。我曾经邀请我们班的家长参与班级体验活动，比如2018年9月，我在舞蹈教室开展"亲爱的同学，我来陪伴你"主题活动。虽然那天只有一部分家长代表到场，但活动效果非常好。当有的学生说到自己以前对父母产生了误会时，到会的家长代表便主动去拥抱、安慰这个学生——虽然那个哭泣的孩子不是自己的孩子，但是并不妨碍家长们给这个孩子温暖的支持。活动结束后，家长们纷纷表示，以后有这样的活动他们还会参加。也就是在那一天，我坚信了这些家长一定会给予我支持，并和我一起共赢共育。

在私下交流时，我们可以告诉家长安慰孩子的误区，告诉他们赢得孩子合作的步骤，教他们运用"教练式对话"和孩子进行有效沟通……当我们把这些沟通交流的技巧用最精炼的语言表达出来，让家长可以拿来就用，且行之有效时，家长们就愿意和老师合作了。因为他们从心里认可了老师的专业性，对老师产生了信服感。

针对文章开头那位老师所说的：学生不写作业还撒谎，家长却认为是因为老师能力不足管不了学生，怎么办？

我认为，这位老师可以从两个方面努力。

第一，私下真诚而委婉地告诉家长：以后再也不要当着孩子的面说"孩子很聪明，只是不学习"这类话，这会导致孩子更加不愿意学习。因为，她现在不学习，还能得到一个"聪明"的评价；如果她认真学习了，成绩却依然没有进步，那岂不是说明她并不聪明？既然如此，她为什么还要辛辛苦苦地学习，去证明自己其实并不聪明呢？所以，一个明智的家长，要不吝称赞的，是孩子的努力，是孩子的学习方式、行为方式、思维方式，而不是聪明。很多人都希望别人认为自己有天分，希望别人感觉自己"不用学习，就可以轻松考高分"。然而，根据我从教多年的经验，一个学生在小学的时候，凭着自己的聪明也许能暂时获得优秀的成绩。但是，等他们上了中学，尤其是上了高中，要想名列前茅，仅有聪明是不够的。如果不勤奋，哪怕拥有再高的智商，也很难在学习上领先。所以，无论是家长，还是老师，都不要用"很聪明，但就是不努力"这类语言评价孩子，这样的评价，会让孩子失去努力的动力。

第二，老师不要等到学生多次不交作业之后，才去询问原因——因为我们很有可能问不出真实的原因。真实的原因可能就是：他不想写作业。但是学生宁愿绞尽脑汁想借口，也不会把这个真实原因告诉老师。我带2018级学生的时候，班里有三个男生早读总是迟到，我提醒几次无效后，便没有追问其原因。我知道，他们迟到的原因无非就是早上贪睡起晚了。于是，每天早上我起床的时候，就会打电话给这三个男生，不批评，不评判，只是温和而坚定地叫早："某某，该起床了。记得好好吃早饭哦！"就这样连续打了一周的电话后，我再问他们："明天还需要我叫早吗？"三个大男生很不好意思地说："不用了，老师，我们明天一定按时起床。"我说："好！明天我不叫早了，要是你们还是起不来，以后我还会继续打电话的。"三个男生一个劲儿地点头。从那以后，他们再也没有因为起床困难而迟到。由此可见，与其等学生迟到了再批评，犯错了再惩罚，不如从源头上预防他们迟到和犯错。

对于不写作业的学生，老师可以先判断一下，其他同学通常什么时间开始写作业。每天到该写作业的时间，老师可以打电话提醒这个学生："该写作业了哦！"要注意，老师的态度一定要温和而坚定。

这样的提醒方式不仅可以解决学生迟到、不写作业的问题，还可以帮学生养成主动弯腰捡垃圾的好习惯。我们可以提醒学生："地上有一张纸片。"或者直接说："纸片。"不批评，不上纲上线，只是善意提醒，便可以达到预期的教育效果。

34 他说，"我用量化考核制度管理班级，却遭到家长的公开质疑"

> 他说："李老师，您好！我姓王，今年刚大学毕业就当了七年级的班主任。为了能更好地规范学生的言行，我和班干部商议后制订了严格的量化考核制度，规定凡是累计扣分达到一定数量的学生就要为班级购买奖品，用于奖励量化考核优秀的学生。我用量化考核制度管理班级一段时间后，班级纪律维持得还不错，却遭到家长的公开质疑，我该怎么办呢？"

事实上，很多学校都喜欢采用量化考核制度，用分数来衡量卫生、纪律等情况，因为这种考核方式操作简单易推行，所以初为人师的王老师有样学样，对学生实施了严格的量化考核制度，班级的卫生、纪律果然维持得不错。那么，为什么量化考核制度的效果很好，家长却有意见呢？

根据美国儿童发展心理学家劳伦斯·科尔伯格（Lawrence Kohlberg）提出的"道德发展阶段"理论，人的道德发展分为三个水平：前习俗水平、习俗水平、后习俗水平，其中每个水平又包含两个阶段。

前习俗水平主要对应 0—9 岁儿童。处于这一水平的儿童的道德判断标准为人物行为的具体结果和自身的利害关系。这一水平包括两个阶段，第一阶段是惩罚与服从的定向阶段。处于这个阶段的儿童以惩罚和服从为导向，由于害怕惩罚而盲目服从成人或权威的决定。他们认为凡是免受惩罚的行为都是好的，凡是遭到批评、指责的行为都是坏的。

严格实施量化考核制度对学生成长的有利影响在于：学生在还没有形成是非观的时候，会认为获得分数的行为就是好的，被扣分的行为就是坏的。这对于学生形成正确的是非观有一定的帮助。

然而，人类最宝贵的品质——善良、真诚、宽容、责任心等，其实是难以量化的。

前习俗水平的第二阶段是手段性相对主义的定向阶段，处在这个阶段的学生对行为好坏的评价首先是看能否满足自己的需要，认为对自己有利的行为就是好的。比如，王老师班里的学生，就是为了获得奖励或避免被罚，而遵守纪律。

而家长为什么对这种看上去有效的制度有意见呢？首先，家长作为成年人，权利意识更强，他们明白，教师没有权力向学生收钱。其次，家长的道德发展水平已经达到了习俗水平甚至后习俗水平，他们有了自己判断事物正确与否的标准。随着学生年龄的增长和道德水平的发展，他们也会对老师的管理方式提出意见。

一般情况下，9—16 岁孩子的道德发展就达到了习俗水平，处于这一水平的孩子的特点是：能了解、认识社会行为规范，意识到人的行为要符合社会舆论的希望和行为规范的要求，并自觉遵守、执行这些规范。

习俗水平的第一阶段是寻求认可（或好孩子）定向阶段，处于这个阶段的孩子认为，被周围人喜欢的行为就是好的，对别人有帮助、能得到赞扬的行为就是好的。所以，为了赢得别人的赞同，为了当个好孩子，他们会主动遵守规则。

家长和王老师都希望学生能达到这一水平——即使没有物质的惩罚和奖赏，只要能得到称赞和鼓励，他们就愿意遵守纪律。

虽然很多学生在课堂上很困乏，但他们还是会打起精神坚持听课。他们在得到老师的嘉许后，会体验到成长的愉悦。

其实，在学生真正体验到挑战自我的愉悦感后，教师和同学给予他的称赞、认可的力量，将远远超过物质奖励带给他的成就感。遗憾的是，往往只有部分学生达到了这一水平，而另一部分学生却还处在前习俗水平，因此扣分机制对这一部分学生是有效的。

习俗水平的第二阶段是维护权威或秩序的定向阶段。处于这个阶段的学生能够认识到正当的行为就是尊重权威、维护社会安宁。

后习俗水平包括以下两个阶段：第一阶段是社会契约的定向阶段，即可以根据合理的社会功利的理由改变法律与秩序；第二阶段是普遍的道德原则的定向阶段，判断是非的标准不受外界的法律和规则的限制，而是以正义、公平、平等、个人尊严、良知、生命的价值、自由等为依据。这是我们每个人慎独、内省的目标，在此不做赘述。

根据这一理论，王老师制订的扣分罚钱规定是不合适的。所以，王老师应该认真而郑重地向家长道歉，并向学生道歉。

老师们千万不要认为道歉是很丢人的事情。老师做错事情后勇于认错，是给学生做了知错认错并改正的榜样。老师若真诚地向学生和家长道歉，反而能赢得他们的尊重。

认错有固定的句式，具体做法是：老师可以利用班会课的时间，将认错的固定句式介绍给学生。

第一句：我犯了一个错误。第二句：我向你道歉，我不该……。第三句：那么，接下来，我们一起来看看这件事怎么处理（怎么弥补）比较好呢？

　　介绍完这个句式后，老师可以真诚地对学生说："同学们，我犯了一个错误。我向你们道歉，我不该让扣分达到一定数量的同学给分数高的同学买奖品，现在我认识到这是不合适的。那么，接下来，我们一起来看看这件事怎么处理比较好呢？因为有了这样的规定，我们班的纪律保持得非常好。我们怎样在不掺杂金钱因素的前提下，依然保持这么好的纪律呢？"

　　然后，让学生畅所欲言，修订班规。学生会因为班规是自己参与修订的，而更加尊重和支持班规。这种现象在心理学理论中叫"栽花效应"。意思是说，我们往往会更加喜欢自己栽种的花，其实我们不是喜欢花，而是珍惜自己付出的努力。

　　同样的道歉方式，也可以用于家长会，班主任可以邀请家长参与到班规的制订中来，如此家长会更加理解老师。

　　班主任管理班级时一定不要"一言堂"，而要考虑到学生的成长和家长的立场，所以一定要慎重做决定。同时，班主任有这样的道歉行为，其实也是在给学生做知错认错的示范，相信学生将来犯了错误，也会心悦诚服地认错并积极改正。

35 他说，"学生违纪后非但不认错，态度还很嚣张"

> 他说："我班里有一个学生，因为不会整理内务，经常不整理床铺，班级因此被扣分。宿管老师要求他认错，然后回宿舍重新整理床铺，这个学生非但不认错，还很嚣张地说：'我就不想整理床铺！我爸爸认识某领导，学校不会给我处分！'家长也生气地对我说：'我就希望孩子在学校里安安心心地学习，其他的事情，请老师不要去打扰他！'遇到这样的学生和家长，我该怎么办呢？"

我认为，对待学生犯错的问题，班主任若想赢得家长的支持，要坚持"换位思考，做好自己"的原则，可以从以下几个方面着手。

一、创造机会，让家长有"峰值体验"。

"峰值体验"是一个心理学概念，是指在漫长的一生中，让你觉得印象深刻和有特殊记忆的那些时刻。比如，在长长的假期中，令你印象最深的却只有一件事——在深山里看见了一只可爱的刺猬，这件事让你多年后仍记忆犹新。这就是峰值体验。

学生在校的几年中，班主任和家长交流的机会主要集中在家长会上。这有限的几次家长会，班主任一定要认真策划、组织，力求让家长在和班主任交流的过程中有几次峰值体验，让他们记忆深刻，以便在学生犯错后，家长首先想到的是"这个老师很认真，很负责，很专业，我应该好好配合老师的工作"，而不是指责老师没有教育好学生。

2018年，我担任起始班级的班主任，在和学生见面的前一天晚上，我在家长群里召开了一个家长会，主要目的是让家长了解我的教育理念。具体操作方法是——提前一天发出群公告，通知家长第二天晚上7:00开会，并且当天晚上6:30在群里发出会议注意事项：

1. 老师在发语音信息的时候，请家长不要发信息，以便其他家长认真聆听。

2. 老师讲完后，家长再发言。请家长尽量发送文字信息，以免有些家长说话口音较重，其他家长听不懂。

3. 当大家的意见出现分歧时，请理性交流，不要骂人或进行人身攻击。

4. 希望大家都能积极发言。孩子的教育问题，大家都要参与。

注意事项发出后，很多家长会回复"收到"，回复的消息多了容易刷屏。所以，晚上6:50，我会再发一次注意事项；6:55发一个红包，提醒大家会议即将开始；6:58再发一个红包，确认家长们已经准备就绪。7:00会议准时开始。我拿着手机，看着电脑一句句地念发言稿——这样比提前录音好。会议结束前，家长若是有什么疑惑，我会当场解答。解答完毕，我会把发言稿发到家长群里，同时把提前录好的音频文件也发出来。我会告诉家长："我非常理解你们的忙碌，有的家长可能现在还在加班，不方便听语音，所以我把发言稿发出来；有的家长没有时间看手机，所以我提前录了音，你们可以一边做家务一边听。"这样一来，家长就会觉得老师特别细心。这就是所谓的"峰值体验"——让家长感觉到老师在很贴心地为孩子、为家长考虑。万一师生有了矛盾，家长也会尊重老师的意见。

二、借用假期作业，统一彼此的教育理念。

学生在学校表现出的问题，根源往往在家庭。所以，班主任的一部分精力，要用来培养家长。

看上文老师的提问，学生不肯整理内务，不愿意打扫卫生，是因为有家长的支持。家长认为，自己的孩子只要安心学习就可以了，整理内务是为了班级得分，是为了班主任的面子，和孩子无关。

家长的观点显然是错误的。班主任在和学生、家长发生矛盾冲突的时候，先不要急着去纠正他们的思路。给他们一个冷静期，等到事态平息，学生和家长都快要忘记此事的时候，再利用班会课，让学生思索正确的处理方法。这样做的针对性不强，老师的观点也更容易被学生和家长所接受。

比如，我常常在新班成立不久，通过分析《西游记》一书中孙悟空的成长过程，与学生讨论如何成为一个卓越的人。

我们可以直接将《西游记》第二回中的下面这段话展示在PPT上，让学生诵读：

话表美猴王得了姓名，怡然踊跃，对菩提前作礼启谢。那祖师即命大众引孙悟空出二门外，教他洒扫应对，进退周旋之节。众仙奉行而出。悟空到门外，又拜了大众师兄，就于廊庑之间，安排寝处。次早，与众师兄学言语礼貌，讲经论道，习字焚香，每日如此。闲时即扫地锄园，养花修树，寻柴燃火，挑水运浆。

接下来，我会说："孙悟空跟着师傅所学的不仅仅是筋斗云和七十二变的本领，他还要学习洒扫应对、扫地锄园、挑水运浆……

同学们也是一样，你们来到学校，不仅仅是为了学习文化课。"

做完学生的工作，我会在放假前告诉家长："放假期间，孩子们除了要完成文化课作业，还要适当做一些家务劳动。这不仅可以锻炼孩子的独立能力，还能培养他们的责任意识，将来他们进入社会才会更具有竞争力。"老师站在家长和学生的立场上考虑问题，让家长感觉到老师提出的要求不是为了自己的业绩，而是为了孩子的成长，老师是将孩子当成活生生的人来培养，而不是把他们当作考试机器，家长就不会反感。

倘若家长说："孩子的时间那么宝贵，早读时间怎么可以离开教室去整理床铺呢？"这个时候老师一定要稳住，不必急着争辩，而是要认真倾听对方的话，表示认可，并重复道："是呀！我也觉得学生的时间很宝贵，我也替他着急。咱们一定要告诉孩子，每天起床后，需要花费两分钟的时间整理床铺，省得早读时还要被叫回去重新整理床铺，多浪费时间哪！"

最简单的共情方法就是重复对方的感受，我们一旦重复了对方的感受，对方就会感觉老师很重视他们，很理解他们，这样就可以有效地缓解家长的焦虑情绪。接下来，我们再提出解决方法，家长就比较容易接受。

三、将学生的言论如实告知家长。

对于上文提到的学生直言家里有"背景"，认为自己可以肆无忌惮地违纪而不会被惩罚的情况，老师可以在第一时间给学生家长打电话，复述孩子的话，并以朋友的语气对家长说："再别让孩子说这种话了，也不要再有这样的思想，稍有不慎，会害了自己，也会害了父母。"这句话点到为止，相信家长能够明白其中的利害关系。

36 她说，"班里学生发生冲突，双方家长也开始闹矛盾"

> 她说："我是小学五年级的班主任。午休期间，小陶和小侯意见有分歧，小陶愤怒之下摔了一本书，不慎划伤了小侯的眼角。侯妈妈带小侯去医院检查，万幸小侯的眼睛没有受到伤害。侯妈妈没有让陶妈妈进行经济赔偿，只是劝陶妈妈好好教育自己的儿子，以后不要再动手打架。陶妈妈有些袒护她的儿子，侯妈妈便生气了，双方家长闹得很不愉快。
>
> "李老师，班里学生发生冲突，双方家长也开始闹矛盾，老师该怎么处理呢？您在书中曾谈到要加强家校合作，要让家长成为老师的好帮手。那么，怎样才能让家长成为老师教育孩子的队友呢？"

《三字经》有言："养不教，父之过；教不严，师之惰。"可见，在学生成长的过程中，教师和家长本就是一个阵营里的队友，我们有一个共同的目标：让孩子健康快乐地成长。若教师把学生制造出的状况视为麻烦，便极有可能以解决问题为目标，不由自主地将目光盯在事情的是非对错上，想快刀斩乱麻，却忘记了自己的初心——陪伴学生成长，进而忽视了家长的感受，最终导致教师和家长离心离德，问题愈加严重。

言归正传。在教师和家长、家长和家长沟通的过程中，最容易犯的错误，就是"忽略"。上文两个家长之所以产生矛盾，便是因为陶妈妈忽略了侯妈妈的感受。

从这位老师的叙述中可以看出，侯妈妈本来是比较明理的：自己的孩子在学校受到了伤害，虽然眼睛没有受到严重伤害，但毕竟是受了伤。侯妈妈虽然心疼自己的孩子，但是并没有对伤害自己孩子的小陶不依不饶，也没有让陶妈妈承担责任。她只是劝陶妈妈好好教育孩子以后不要打架。或者说，侯妈妈只是希望自己孩子脸上的伤"被看见"，希望自己心疼孩子的情绪"被看见"。不料陶妈妈一味偏袒自己的孩子——她的偏袒有可能是下意识地逃避责任，却不知道这样的逃避便是忽略了对方的感受，也会让侯妈妈生气。倘若陶妈妈第一时间对侯妈妈说："真的不好意思，让你家孩子受委屈了。小侯一定很疼吧！你一定心疼坏了！我得好好批评小陶！"侯妈妈肯定就不会那么生气了。

遇到这样的情况，教师该怎么处理呢？我建议分三步进行：第一步，积极的暂停；第二步，高效的共情；第三步，平等的谈心。

第一步，积极的暂停，关键词是"分开"。"积极的暂停"是《正面管教》一书中的概念。也就是说，无论是学生，还是家长，或者自己的孩子，在发生矛盾，双方情绪激动的时候，首先要分开双方，给他们冷静思考的时间和空间，以免双方情绪失控发生更激烈的争吵。

第二步，高效的共情，关键词是"看见"。一个人最大的痛苦，莫过于自己的痛苦、忍让没有被人"看见"。学生之间的矛盾固然是公说公有理，婆说婆有理，但我们还是可以分辨出来谁受的委屈更大。在这件事情上，我们可以让偏袒孩子的陶妈妈独处一会儿，先去安慰受委屈的侯妈妈。教师安抚学生和家长的具体方法是：

第一，教师先认真倾听侯妈妈诉说她心中的不满，并频频点头，给予适度回应。

第二，教师重复侯妈妈的感受，可以说："我知道您很难受，如果我的孩子在学校受伤了，我也会很心疼。陶妈妈那样说，显然没有体会到您的心情。"这样，侯妈妈就会觉得，自己的孩子受到的伤害，老师知道；自己受到的委屈，老师也知道。这就是对侯妈妈最大的安慰，这就是"看见即疗愈""看见即慈悲"。如果教师为了息事宁人，只是说"这有啥呀""小孩子打打闹闹很正常""我的孩子也曾经被打过""你要大度一些"，会让受委屈的一方更加难受。

第三，教师一定要聚焦于问题的解决。教师可以问侯妈妈："那您觉得我们怎么处理这件事情比较好？"我们选择让侯妈妈思考该怎么做，侯妈妈可能会说："老师，您再跟她聊聊吧，她家孩子这样容易冲动很不好。"或者说："算了，她那样的人不好沟通，她家孩子也容易情绪激动，以后尽量避免小侯和小陶起冲突吧。"无论侯妈妈说什么，教师都可以表示理解并支持，这样便于帮助侯妈妈关注如何解决问题。

第三步，平等的谈心，关键词是"利他"，即站在对方的立场上考虑问题。其实，每个人心里都有一杆秤，陶妈妈内心也知道自己的孩子做得不对，却习惯了遇到事情先推卸责任，只站在自己的立场上考虑问题，她以为自己这样做是为了自己的孩子好。面对陶妈妈这样的家长，我们该怎么办呢？

教师和家长都是成年人，我们不必评判学生家长的是非对错，我们只要谈自己真实的感受即可："陶妈妈，当我看见小陶发火摔课本时，我被吓坏了。万一他把别的学生的眼睛弄伤了怎么办？我现在想想都后怕。"

其实，这番话也是陶妈妈的担忧。当我们站在陶妈妈的立场上考虑问题，不带评判性地说出自己的感受时，陶妈妈便会感觉自己被理解了。接下来，我们继续说："小陶的脾气有点儿暴躁，他这样很容易闯祸呀！这一次他摔书本，划伤了小侯的眼角，万幸没有造成更大的伤害。下次如果他再一言不合就发脾气，会不会还有这么好的运气呢？万一他激动之下给人家造成重伤，或者伤害了自己，可怎么办呢？此外，因为他的暴脾气，班里其他同学以后可能都不愿意跟他玩，他岂不是就没有朋友了？"

虽然陶妈妈急于推卸责任，但我们并没有追究任何人责任的意图，我们只是想帮助孩子成长，只是想成为她教育孩子的队友。这会让陶妈妈深感被理解，也更容易接纳我们的意见。

最后我们再问陶妈妈："您觉得，接下来我们要怎样帮助小陶，才能让他学会管理自己的坏情绪呢？"

这时，也许不用我们要求，陶妈妈就会说："这次得给他一个教训，让他给人家道歉。回家后，我还得好好批评他。"

大家应该已经看出来了，小侯同学的脾气这么暴躁，可能和侯妈妈遇事就推卸责任的习惯有关。然而，我们的教育对象只是小侯同学。即使我们知道侯妈妈的问题更严重，但是如果她没有向我们求助，我们也不要贸然给她建议，否则，可能会激起她的逆反心理，既不把我们当队友，也不会给我们当帮手，反而会站在我们的对立面。

同时，我们要告诉陶妈妈在批评孩子、与孩子交往的过程中需要注意的事项，教会她赢得孩子合作的四个步骤：第一步，表达对孩子感受的理解；第二步，告诉孩子你对他的同情，但不主动谅解；第三步，告诉孩子你的感受，表达关心；第四步，让孩子关注如何解决问题。陶妈妈可以问孩子对于避免将来再出现这类问题有什么想法，如果孩子没有想法，陶妈妈就可以提出一些建议，直到和孩子达成共识。

也许，陶妈妈在引导孩子反思的过程中，自己也会有所进步。

参考文献

1. 阿尔弗雷德·阿德勒. 自卑与超越 [M] 马晓佳, 译. 北京：民主与建设出版社, 2017.
2. 马歇尔·卢森堡. 非暴力沟通 [M] 刘轶, 译. 北京：华夏出版社, 2021.
3. 丛扬洋. 找到意想不到的自己：萨提亚模式与自我成长 [M] 武汉：武汉大学出版社, 2015.
4. 安妮·拉弗尔. 百分百温尼科特 [M] 王剑, 译. 桂林：漓江出版社, 2015.
5. 彼得·A. 莱塞姆. 自体心理学导论 [M] 王静华, 译. 北京：中国轻工业出版社, 2017.
6. 简·尼尔森. 正面管教 [M] 玉冰, 译. 北京：北京联合出版公司, 2016.
7. 李中莹. 简快身心积极疗法 [M] 北京：民主与建设出版社, 2019.
8. 罗伯特·迪尔茨. 语言的魔力：用语言转变信念的神奇旅程 [M] 谭洪岗, 译. 北京：北京联合出版有限公司, 2022.
9. 李卓吾. 李卓吾先生批点西游记 [M] 天津：天津古籍出版社, 2015.

图书在版编目（CIP）数据

从容优雅做好班主任：班主任成长 36 例 / 李迪著
. -- 北京：中国人民大学出版社，2023.2
ISBN 978 - 7 - 300 - 31369 - 6

Ⅰ. ①从… Ⅱ. ①李… Ⅲ. ①班主任工作 Ⅳ.
①G451.6

中国国家版本馆 CIP 数据核字（2023）第 013391 号

从容优雅做好班主任：班主任成长 36 例
李迪　著
Congrong Youya Zuohao Banzhuren: Banzhuren Chengzhang 36 Li

出版发行	中国人民大学出版社		
社　　址	北京中关村大街 31 号	邮政编码	100080
电　　话	010 - 62511242（总编室）	010 - 62511770（质管部）	
	010 - 82501766（邮购部）	010 - 62514148（门市部）	
	010 - 62515195（发行公司）	010 - 62515275（盗版举报）	
网　　址	http://www.crup.com.cn		
经　　销	新华书店		
印　　刷	北京华宇信诺印刷有限公司		
规　　格	168 mm × 239 mm　16 开本	版　次	2023 年 2 月第 1 版
印　　张	12.5　插页 1	印　次	2023 年 2 月第 1 次印刷
字　　数	180 000	定　价	58.00 元

版权所有　　侵权必究　　印装差错　　负责调换